國民黨禁書始末

廖爲民——著

目錄

咱們的黨外青春

曾明財

我是台中的眷村子弟，和多數五、六十歲以上台灣人一樣，從小受中國國民黨「黨國教育」長大。有的人在成長過程，幸運發現陽光，一心突破禁制而追求自由；有的人則受制約於黨國洗腦，迄今沉淪黑夜掙扎。

我唸國中時，在家裡書架看到兩本雜文集，作者柏楊以幽默諷刺方式，稱呼戒嚴時期的警察是「三作牌」，很令民眾反感，也就是「作之君、作之親、作之師」。篇篇文章都令人拍案叫絕，但不知他是被關在綠島的政治犯。

就讀台中一中後，隱約得知作家李敖也在牢中，某老師提及他以前也是一中學生，有很多傳奇故事，書都被查禁。我在同班同學朱文印的員林老家密室發現數本，借回拜讀後，納悶爲何被禁？

黃信介、康寧祥、張俊宏 1975 年創辦《台灣政論》月刊，發行五期就被停刊。在台北上班的我家大哥，帶了幾本回眷村給老爸，我也曾囫圇吞棗翻閱。

考上輔仁大學的二哥，位於新莊租屋處堆滿「志文出版社」新潮文庫書籍，不定期分批帶回家分享給弟妹。我後來跟著閱讀《夏潮》雜誌，初步瞭解基層勞工與農民困境，也開始看陳映眞、七等生小說，同時知道楊逵、黃順興、蘇慶黎等人物。

二哥連續幾年帶回更多黨外雜誌與政治書籍（後來都逐一被查禁），對我和二姊與妹妹的「忠黨愛國」思想衝擊甚鉅，我們私下開始支持黨外運動。林義雄和姚嘉文出版《虎落平陽》，以及王拓《民眾的眼睛》、《黨外的聲音》，是影響我最深的書籍之一。

我 1978 年底北上求學，第一要務就是到政大圖書館找《自由中國》、《文星》等已停刊雜誌，投入很多課外時間，從第一期看到被查禁的最後一期，身心靈彷彿重新灌滿了「生命力」。

美麗島事件之後，幾乎所有黨外雜誌和批評國民黨的書籍都被禁，或者才發行第一期就被警備總部停刊，但二哥總有管道買幾本回家。我即將升大四的那年暑假，竟有三名警總人員到眷村家裡多次，表示「極度關心」之意，後來持續騷擾。

出獄後的李敖，成爲台灣最有影響力的政論家，挑戰國民黨政府的言論限制政策，出版一系列書籍大部分被禁。我服兵役期間，每個月最佳的精神食糧就是《李敖千秋評論叢書》。

1980 年代中期開始，政治與社會運動風起雲湧，包括民主進步黨成立、紀念二二八事件、揭發蔣介石與蔣經國父子秘辛、海外台灣人「黑名單」，鄭南榕《自由時代》週刊更一本又一本打破國民黨禁忌。我剛好投入新聞記者行列，幾乎每一本都看得到，甚至有機會與部分作者認識。

近幾年陸續閱讀廖爲民兄系列著作《我的黨外青春：黨外雜誌的故事》、《台灣禁書的故事》、《美麗島後的禁書》、《解嚴之前的禁書》，彷彿進入時光隧道，重新回味年少輕狂夜讀禁書的刺激感。

我是 2005 年某晚在台北的路邊攤與爲民兄初識，他其貌不揚（當天頭髮凌亂、鬍子也未刮），但曾任「一橋出版社」社長的經歷，以及正協助「前衛出版社」出書校對，讓我略感欽佩。

相隔十年後，因爲《我的黨外青春：黨外雜誌的故事》新書發表與展覽，我們在「台中文學館」重逢。接著幾年，他若從台北回雲林縣西螺老家，偶而留宿台中一晚，彼此更有喝酒暢談機會。他以前就讀衛道中學、逢甲大學，以及任職數年的「台中書報社」附近，都是我熟悉的地盤，加上有一些共同好友，兩人互動更多，想法也進一步激盪。

這本《國民黨禁書始末》印刷前，意外接到爲民兄來電，他捨棄多位台北重量級的老友寫推薦序，竟指名淡出江湖多年的「財哥」執筆，令我不勝惶恐。

今年 10 月適逢台中政壇前輩何春木先生百歲冥誕紀念，我除了協助導演曾麗壎製作紀錄片《黨外的檜木－何春木》，也因緣際會擔任活動策展人。經過蒐集大量資料，最後敲定一百多張照片電腦輸出放大時，赫然認出某張照片後方的人頭，一股莫名憤怒竟油然而生。

美國 1979 年 1 月與台灣斷交，國民黨政府停止進行中的「增額中央民意代表」選舉，國內政治緊繃氣氛越來越惡化。《美麗島》雜誌於 8 月創刊，「黨外候選人聯誼會」7 月 28 日下午在台中公園舉行同樂會，未料，會員專車一到公園路「敬華飯店」門口會合，就被警方刻意阻攔。

台中市警察局長張世樕率領多位警員，和黨外人士張春男、呂秀蓮、袁嬿嬿爭論，中區警備總部副司令胡佐武也加入戰局，要求取下掛在車身的布條。傍晚六時許，多位黨外人士走到三民路廣場唱台灣民謠，警方竟以「消防演習」爲由，用消防車水槍驅散圍觀的群眾。

我在陳博文先生（美麗島事件受刑人）提供的四張現場照片中，竟認出當年數度到眷村家「關心」的警總組長，身著便服藏在警察局長後方探頭探腦。已經過了整整 40 年，那傢伙的髮型與嘴臉，我一輩子都忘不了！

爲民兄名言：「那些年，我們一起被警總追。」閱讀《國民黨禁書始末》初稿後，除了一起緬懷被黨國教育「反共抗俄、消滅共匪」的青春歲月，我想：如今的中國共產黨竟從國民黨的「三合一敵人」，變成「你儂我儂」反對台灣獨立的頭號戰友，早年拚死命查禁書刊雜誌的國民黨高官們安在哉？可能多數正在天堂與地獄一線間，每天痛心疾首，懺悔生前卑鄙作爲？

（本文作者曾任職台灣時報、首都早報、中國時報，1998-2000 年擔任台灣新聞記者協會會長，作品《台灣人在眷村》。）

言論自由 vs. 禁書

邱振瑞

眾所周知，在沒有言論自由、因言獲罪的時代，作家不順從政治正確，卻逆向而行，寧願蒐集大量反面資料，以此作爲強大的武器向統治政權反擊，這種以此保衛知識人尊嚴的做法，即使進入民主化的正常國家，其逆反的精神依然值得我們敬重。表面上看來，那些勇於表達自身的歷史立場，敢於表述自身的思想活動的作家們，不知疲勞地撰寫官方認定的「禁書」，似乎只會給自己帶來危險，甚至招來殺身之禍，其實，結局沒那麼糟糕。

在歷史寫作上，我非常認同德國史學家蘭克的歷史主義理論：一切時代都直接通向上帝。在蘭克看來，有一個隱藏在世界背後的上帝，上帝通過人類和歷史來表現自己。他同時將個人、民族和國家描繪成一種世界運動的工具。寫到這裡，我想狗尾續貂地說，在恐怖的年代，儘管禁書作者必須付出書籍銷毀、逮捕和坐牢的代價，但是上帝悲憫寬容，在關鍵時刻，祂就會激發大批虔誠的讀者冒險搶購，召喚眾人的力量來滋潤窮作家及其家屬乾癟的皮夾。

《國民黨禁書始末》是爲民兄相關書系的第五部作品，充分體現出長年來撰寫台灣禁書的辛苦付出，其新書問世正是最好的回報。現在，在台灣，每個國民都享有自由寫作的環境，「禁書」一詞已成了死語言，我們不必擔心「禁書」的長鞭陰魂不散似地揮向我們了。最後，衷心期待爲民兄在已免於恐懼的自由狀態下，爲對台灣禁書感興趣的讀者開拓更大的閱讀空間。

寫於 2021 年雙十。

（本文作者爲詩人、作家、日本文學翻譯家。）

言論自由的爭取者——黨外人士

若回顧台灣民主化進程，台灣的民主不是靠蔣經國和國民黨的恩賜，不是靠李登輝深入敵營、突然「變臉」，也不是靠文人士大夫坐而言道，乃是靠幾代仁人志士街頭奮戰、流淚流血，他們或刑場殞命、或自焚殉道、或將牢底坐穿——台灣的黨外運動，從來就有一個外在於議場和書齋的「勇武」傳統。

余 杰，《香港獨立》，第118～9頁

2013年年中，接到胡慧玲要借《選舉萬歲》等幾本禁書的電話，隨即從書架上抽出她可以參考的數十本禁書裝箱，翌日專程送至她府上；她和麥可兄隨後又問起能否幫忙校稿，新書內容可以先睹爲快，我當然同意。

在約定的日子趕往林府幫忙看稿，書是《百年追求》一套三冊，分別由陳翠蓮教授（卷一）、吳乃德教授（卷二）、胡慧玲（卷三）各自執筆，敘述由日治至國民黨佔台期間，台灣民主運動的故事。這套書成爲2014年的暢銷書，對太陽花運動也造成部分影響。

胡大美人在她的部落格提起此事，引來眾多友人鼓勵我將「黨外雜誌」及「禁書」的歷史過程留下紀錄，遂只好「廖化作先鋒」，憑我愚拙之力，斗膽寫下《我的黨外青春——黨外雜誌的故事》，於 2015 年 11 月出版，蒙《中國時報》開卷版及《自由時報》等專文介紹、綠色和平與寶島新聲等電台專訪。

台中新文化協會陳彥斌執行長並來電，邀請參加 2016 年「言論自由日」，在台中文學館的「黨外雜誌展」，展出一千多冊黨外雜誌；在 2017 年「言論自由日」同地點開辦「禁書展」七百冊。高雄市歷史博物館也來電借雜誌與禁書展出。

我在 2015 年寫完《我的黨外青春》後，即以「企劃出版」方式，規劃撰寫「禁書」一百種，分四冊出版，每冊介紹二十五種以上的禁書。因此這六年的歲月，耗費大量時間與精力尋找各年《圖書查禁目錄》，查找查禁機關、查禁公函字號與查禁理由。在多位友人義助下，才能夠在 2017 年 3 月出版《台灣禁書的故事》，2019 年出版《美麗島後的禁書》，2020 年 10 月出版《解嚴之前的禁書》，現在終於完成最後一冊的《國民黨禁書始末》，努力將前三冊遺落部分盡力修補，也將國民黨佔台後的四個「禁書命令」作爲附錄，方便您的查找；希望您瞭解這種扼殺「言論自由」的法條，而能體會前輩們無私的血汗付出。

《解嚴之前的禁書》的新書發表會上，有讀者問起我在書中第二頁悼念的「張維邦教授是誰？」，簡要介紹：

張維邦，1937 年 10 月生於今新北樹林區，成功中學、台大法學院商業系國貿組，大二起修習法文，畢業後取得瑞士天主教會及瑞士政府聯合全額獎學金，1962 年赴瑞士佛萊堡大學就讀，1966 年即取得該校經濟學博士學位。

張維邦在留歐期間即遊歷歐陸各國，在維也納大學從事博士後研究。後橫跨大西洋到加拿大魁北克蒙特婁大學任教，主攻日本及中國經濟；更協助蒙特婁大學設立東亞研究中心，足跡遍及歐美亞各洲，曾在日本京都立命館大學任教，及聯合國發展總署派駐中國短期專案顧問。

張教授旅歐初期即與其弟張維嘉同爲海外台灣民主及獨立運動之成員，早已被國民黨列入黑名單而無法返國。他席不暇暖地研究、教育、組織、著述，時刻盼望能返鄉報效祖國。1992 年「黑名單」解除後，離家三十年的他首次返國，他透過當時留學加國的黃居正（現清華大學教授）介紹來找筆者，相談甚歡，我因而認識張教授是位有國際觀、有行動力、有堅定信念的學者。

《張維邦文集》，2002 年 12 月初版，歐盟研究協會發行。

他在 1994 年放棄優渥的工作環境與退休條件，獨自回國擔任淡江大學歐洲研究所所長。1996 年他以豐富的國際知識與經驗領導歐洲的學術，更結合學界及企業界成立「世界歐洲聯盟研究協會」台灣分會，戮力促進台灣與歐盟之相互瞭解與合作。他也以其雄辯與國際盟友之支持，使分會正式以「Taiwan」爲名，加入世界歐洲聯盟研究協會。由此一事，可見張教授之信念、識見與行事風格。他本擬退休後落居台灣，全力以歐盟研究協會的全球網絡爲基礎，拓展台灣國際交流與合作空間，可惜在 2002 年 12 月 2 日赴歐參加歐盟研究協會各國理事長會議時，因長期以來爲家鄉努力奮鬥、工作過度而往生，逝世於巴黎途中，令人遺憾。

本書的完成到出版，感謝國家人權館的經費補助，以及曾明財、邱振瑞的推薦序，加上薛宏甫的查禁資料搜尋、黃裕順的圖片翻拍，林文欽、鄭清鴻、楊佩穎在出版工作的襄助；更受益於翁天培、陳克寧、王榮文、陳映眞、楊碧川、林世煜、胡慧玲、旅日作家黃文雄、張維邦、張維嘉、洪鎌德、張淑燕、邱振瑞、廖志峰、蔡宜芳、曾文邦、邱萬興、郭永芳、陳彥斌、魏文進等先進們的啓發與鼓勵。

廖爲民 2021 年 9 月 21 日中秋佳節於新北三角湧

戰後「強人威權體制」下的禁書政策

1945年8月15日，二次大戰因日本投降而結束，盟軍統帥麥克阿瑟隨即下達第一號命令，台澎地區由蔣介石的國民政府負責接收。國府得以用國家獨占資本方式來接管台灣經濟，進而確立其統治基礎。然而，國府要統治台灣，猶缺乏社會基礎，其社會威權的合理性受到挑戰，因而國府除了以「槍桿子」建立政治社會機制外，更必須掌握「筆桿子」來控制文化解釋權，用以維護其政權的合法性，同時更透過教育系統及傳播媒體來強力維護、宣揚它的一套正統的政治理念用以強化鞏固其政權的正當性。

國府接收台灣而實施「強人威權體制」，源於其政黨的革命性格，它在中國的統治失敗經驗，又是在「國共內戰」中延續狀態下所建立的政權。它透過黨政軍的運作，除對言論管控、操作、審查；更將支配力滲入民間，利用大眾媒體來宣揚中國的文化道德論述與支配意識形態。也就是以國家權力做後盾，實施其對市民社會的文化霸權，爭取「同意」的正當性論述，而造就國家強制機器的基礎。

國府在戰後初期到其遷台（1945~1949），以製造「台人奴化論述」來達成其「去日本化」之目的，用灌輸「中國化」來鞏固中國文化優越地位的操縱模式；其目標在完成「政治中國國民黨化」的目的。從中國意識的灌輸，馴服台灣人成為中國人，接受國民黨政權的革命歷史文化，進而接受國民黨的統治正當性。

國民黨主張必須對台灣人先予以「再教育」，針對「奴化教育」思想遺毒進行消毒，所以行政長官公署於 1946 年 2 月公告〈查禁日人遺毒書籍〉命令，公布「違禁圖書辦法八條」，分別是：

（一）讚揚「皇軍」事蹟；
（二）鼓勵人民參加「大東亞」戰爭者；
（三）報導佔領我國土地情形，以炫耀日本武功者；
（四）宣揚「皇民化」奉公隊之運動者；
（五）詆譭總理、總裁及我國國策者；
（六）曲解「三民主義」者；
（七）損害我國權益者；
（八）宣傳犯罪方法妨礙治安者。

來進行言論控制。同年 9 月下令中等學校禁止使用日文；10 月 25 日「光復週年」則廢除報紙雜誌日文版；1950 年 8 月更通令禁止在報刊使用日文。

1949 年 5 月 20 日，省主席陳誠開始在台灣實施〈戒嚴令〉，台灣進入戰時體制，禁止一切社會活動，以確保台灣治安的穩定，成爲國民黨的「反攻基地」。國府利用「戰時體制」、「戡亂時期」等作爲合理化的藉口，頒布法令規章及行政命令來凍結憲法體制，限制憲法賦予人民的自由權與民主體制；藉此清除台灣內部在思想上、行動上對政府的反動，確立國府政權統治的合法性。

1949 年 5 月 28 日，台灣省警備總司令部以總致字第 83 號代電：根據〈戒嚴令〉第三條制定〈台灣省戒嚴時期新聞雜誌圖書管理辦法〉（附錄二），並隨電頒發。

1950 年 3 月 18 日，東南軍政長官公署以（39）署防字第 132 號代電核准，頒發〈台灣省戒嚴時期新聞雜誌圖書管制辦法〉（附錄三），它與上述〈管理辦法〉之差異是：

1. 由 1949 年的〈管理辦法〉改成〈管制辦法〉。

2.〈管理辦法〉是根據「本省戒嚴令第三條及戒嚴規定事項訂定之」，〈管制辦法〉則改成根據「戒嚴法第十一條第一項及台灣省戒嚴令第三條第六項訂定之」。

3.〈管理辦法〉的「四、管制辦法」由四款增加至〈管制辦法〉的七款。

4.〈管制辦法〉增列：凡在台灣出版及運入台灣之書刊雜誌，「均應送三份至台灣省保安司令部以備審查。」

5. 增列：對人民持有違禁書刊之懲處，「應將其情形呈報台灣省保安司令部。」

6. 其餘則爲各項條文內之文字增刪與調整。

1953年7月27日，行政院內字第4330號令准予備查，頒布〈台灣省戒嚴時期新聞紙雜誌圖書管制辦法（修正本）〉（附錄四），與1950年〈管制辦法〉有以下不同：

1. 原來之「新聞」改成「新聞紙」，即是將告白、標語等出版物亦列入管制範圍。

2. 第一條修正爲「依戒嚴法第十一條第一款之規定，特訂定本辦法」，刪除「台灣省戒嚴令第三條第六項」。

3. 第二條具體限制各類出版品不准刊登之內容：

（一）未經軍事新聞發布機關公布屬於「軍機種類範圍令」所列之各項消息、

（二）有關國防政治外交之機密、

（三）爲共匪宣傳之圖畫文字、

（四）詆譭國家元首之圖畫文字、

（五）違背反共抗俄國策之言論、

（六）足以淆亂視聽，影響民心士氣，或危害社會治安之言論、

（七）挑撥政府與人民情感之圖畫文字。

4. 第三～六條則增加：發生變亂或戰事，保安司令部「得對新聞紙雜誌及其他出版品實行事先檢查」、出版品「應予發行時檢具一份送本省保安司令部備查」、出版品來台行銷「應呈經主管機構核准後，始得進口」、「書刊進口

時，由本省保安司令部施行檢查」等，都成爲軍事單位在戒嚴時期管制言論自由的主要武器。

1970年5月22日，行政院於59年5月5日台（59）內第3858號令核准修正，國防部59年5月22日（59）崇法字第1633號令公布〈台灣地區戒嚴時期出版物管制辦法〉（附錄五），其修正要點有：

1. 名稱修改爲〈台灣地區戒嚴時期出版物管制辦法〉。

2. 增訂第二條「匪酋匪幹之作品或翻譯及匪僞之出版物一律查禁」。

3. 第三條增訂第八款「內容猥褻或煽動他人犯罪有悖公序良俗者」。

4. 原第6、7、10各條，配合出版法及相關法令，對進出口出版物加以適當之管制，並將第3、6條條文酌予增刪。

〈台灣地區戒嚴時期出版物管制辦法〉於1970年5月22日施行，由台灣警備總司令部執行，在1970及1980年代查禁、扣押黨外雜誌及書刊發揮極大功能；其中以第三條第五款「違背反共國策者」、第六款「淆亂視聽，足以影響民心士氣或危害社會治安者」、第七款「挑撥政府與人民情感者」，這三款是台灣警備總司令部使用來大量查禁與扣押黨外雜誌及書刊的條文。直到1987年7月15日解嚴之後，才又改用〈出版法〉來查禁、扣押黨外雜誌及書刊，等到裁撤台灣警備總司令部（1992年8月1日）及廢除〈出版法〉（1999年1月11日），回歸到〈民法〉及〈刑法〉的管制，言論自由才在台灣眞正地實現！

1.《心鎖》

郭良蕙著　高雄大業書店　1962年9月初版

自《心鎖》連載以後，我已輾轉聽聞到其中幾段描寫，曾遭部分人士非議，板起衛道的面孔，指責爲淫穢，或者加上一個「影響青年身心」的罪名。

今寫《心鎖》絕非寫多則濫，也非不惜羽毛，只爲了不願落於窠臼，試走新路。這條路也許充滿荊棘，將使我焦頭爛額，但我自信有勇氣接受一切打擊。沒有人能夠做到打左臉，給右臉，但是做到不輕易還手並不太難。《心鎖》的單行本出版以前，我正在靜靜培養大量的勇氣以及容忍力。

〈我寫《心鎖》—出版後記〉，1962年6月

專研1950及60年代台灣文學的應鳳凰教授在〈從郭良蕙《心鎖》事件探討文學史敘述模式〉一文，告訴我們：《心鎖》是從1962年1月4日至6月19日在《徵信新聞報》（《中國時報》前身）連載五個半月。同年9月由高雄大業書店出版單行本，上市隔月隨即再版，年底趕發第三版，可見銷售狀況很不錯。

《心鎖》，1962 年 9 月初版，本圖係 2006 年九歌出版的典藏版。

《郭良蕙集》，國立台灣文學館，2018 年 12 月初版。

《心鎖》在報紙連載期間，就引來所謂「敗德」、「情色」的指控與批評。其中不乏文壇具影響力的資深作家（蘇雪林、謝冰瑩等），他們有知名度及權位，遂透過文藝團體向國民黨官方檢舉，致使《心鎖》一書遭國府查禁，郭良蕙也遭文藝、婦女、青年等作家協會開除。同時，也有海內外作家及傳媒紛紛聲援郭良蕙，相互爭論，而成爲一場論戰，這也使得《心鎖》成爲 1960 年代最具爭議的一本小說。

筆者找到台灣省新聞處對《心鎖》的查禁公函如下：

台灣省政府新聞處（52）.1.15 .新一字第 0319 號函

高雄市政府：

一、接奉內政部（52）.1.10.台內版字第 103818 號代電略開：高雄市大勇路 112 號大業書店發行郭良蕙著《心鎖》一書，違反出版法第三十二條第一項第三款①之規定，應依照同法第三十九條第一項第三款②之規定予以禁止出售及散佈，並得以扣押處分。

二、函希查照依法執行。

三、副本抄送警務處、各縣市政府（局）。

處長　吳紹璲

註：①出版法第三十二條第一項第三款：「出版品不得爲左列各款之記載：三、觸犯或煽動他人觸犯褻瀆祀典罪或妨害風化罪者。」

②出版法第三十九條第一項第三款是：出版品有左列情形之一者，得禁止其出售及散佈，必要扣押：三、出版品之記載違反第三十二條第二款及第三款之規定者。

雖然《心鎖》一書已在 1963 年 1 月 10 日遭國府內政部查禁扣押，但是蘇雪林、謝冰瑩等人仍不善罷干休。蘇雪林於當年 3、4 月分別在《文苑》第 16 期及《自由青年》第 29 卷第 7 期以〈《江山美人》與《心鎖》〉及〈致《自由青年》雜誌的一封信〉二文，判定《心鎖》是「黃色小說」，並使用「亂倫」——這一儒家社會代表「深重罪孽」的字眼，指責其「傷風敗俗」，更建議：

一、貫徹《心鎖》的禁令；

二、對故意撰寫黃色文學之作家不妨激烈抨擊，不必姑息；

三、禁止廣播公司爲黃色文藝做義務宣傳；

四、再掀起數年前道德文學的討論……。

謝冰瑩在5月出刊的《自由青年》第29卷第9期發表〈給郭良蕙女士的一封公開信〉，質問郭良蕙：

爲什麼要寫這些亂倫的故事？……妳提倡「亂倫」，說出人類和禽獸一樣需要性生活，整個《心鎖》描寫性行爲，所以妳發了財！這本書的銷路越好，妳製造的罪惡越大，你忍心用這種骯髒的、犧牲無數青年男女的前途換來的金錢嗎？……

謝冰瑩同時在「中國文藝協會」提案要求開除郭良蕙的會籍。中國文藝協會遂在當年「五四文藝節」會員大會上，以郭良蕙觸犯協會公約第三條「誨淫敗德」爲由，開除郭良蕙的會籍。郭良蕙爲維護個人名義，委請律師向省政府新聞處提出訴願，卻毫無結果；更在一片撻伐聲中，將她在電台播放的另一部長篇小說停播，她在電視台主持的「藝文學苑」節目也遭到停播。

應鳳凰教授指出，《心鎖》查禁的後續影響有：

一、禁書的正當性及《心鎖》屬性的問題，如內容是否爲「黃色小說」，引發作家紛紛發表文章公開討論，並且正反意見都有而形成熱門話題；這數十篇文章，由余之良編成《〈心鎖〉之論戰》一書出版。

二、大批論戰文章，引起大眾的好奇心，刺激讀者紛紛買書閱讀。換句話說，談論越多越是炒熱書籍銷路。地下書商見有利可圖而大量盜版，查禁《心鎖》反而使它更暢銷。

陳芳明教授在〈《殺夫》事件與女性書寫〉指出：

「在圍剿《心鎖》的行動中，主要的焦點集中在小說中所觸及的亂倫議題，以及女性情慾的問題。在波濤洶湧的文字裡，郭良蕙的作品不僅被形容爲『黃色小說』（蘇雪林語）……。這些指控與汙名化，全然偏離文學的討論，已經淪爲思想檢查的延伸。事實上，在每篇批判文字的背後都隱含高度的政治權力支配，其精神與內容已無關文學與藝術。……這些言論，無非在於維護政權的合法性。」

《心鎖》到 1986 年始由時報文化公司再次出版，惟因查禁令尚未失效，仍然是禁書；直到 1988 年由台灣省政府新聞處發布「解禁」令，九歌出版社在2002年重新合法出版，2006年再印行「典藏版」。

作者簡介

郭良蕙（1926～2013），籍貫山東鉅野，在河南開封出生，上海復旦大學外國語言文學系畢業。1949年與空軍飛行員孫吉棟結婚，後一起來台。她的創作以小說為主，兼及散文，當時並有「最美麗的女作家」稱號。其作品擅長描繪心理，刻畫人性，著有小說、散文集近七十部。

2.《實庵自傳》·《陳獨秀自述》

《實庵自傳》
傳記文學出版社　1967 年 9 月 1 日初版
《陳獨秀自述》
王家出版社　1968 年 3 月 20 日初版

「我只注重我自己的獨立思想，不遷就任何人的意見。我在此發表的言論，已向人廣泛的聲明過，只是我一個人的意見，不代表任何人。我已不隸屬任何黨派，不受任何人的命令指使，自作主張，自負責任。將來誰是朋友，現在完全不知道。我絕對不怕孤立。」

陳獨秀，〈給陳其昌等的信〉，1937 年 11 月

《實庵自傳》與《陳獨秀自述》看似兩本不同的書，其實是同一本書，甚至是同一個版本，只是後來的王家出版社將書名、目錄頁改爲《陳獨秀自述》而已；而原來《實庵自傳》內的第一部、第二部的書名頁刪除，但在目錄頁上並無更改，因此《陳獨秀自述》從第 23 頁起，均要往前調整二至四頁才屬正確。現將兩書列表如下：

《實庵自傳》，傳記文學社，1967 年 9 月 1 日初版。

《陳獨秀自述》，王家出版社，1968 年 3 月 20 日初版。

書名	實庵自傳	陳獨秀自述
作者	陳獨秀	陳獨秀
出版社	傳記文學出版社	王家出版社
出版日期	1967.09.01	1968.03.20
開數	32 開	32開
頁數	127頁	123頁
查禁機關	警備總部	警備總部
查禁日期	1969.01.20	1968.12.31
查禁字號	鑑遠0702	諧西13368
查禁原因		

依據〈台灣省戒嚴時期新聞紙雜誌圖書管制辦法（修正本）〉條文，筆者推測合理的「查禁理由」，警備總部只能

使用第二條第三款「爲共匪宣傳之圖畫文字」。因爲陳獨秀不只是中國共產黨創黨人之一，也是首位中共黨的總書記，終因第一次「國共合作」失敗，1927 年中共的「八七會議」被批爲犯有嚴重「右傾投降主義」錯誤，由瞿秋白取而代之擔任黨的總書記。

本書分爲〈實庵自傳〉（陳獨秀自述）與〈最後論文和書信〉兩部分。〈實庵自傳〉是他晚年獨居四川江津，只寫下「沒有父親的孩子」、「江南鄉試」兩章，回憶起由 1879 年出生到 1897 年十八歲參加鄉試的生活點滴。

至於〈最後論文和書信〉，則是《陳獨秀的最後論文和書信》小冊的全文。胡適於 1949 年 4 月 14 日完成的〈陳獨秀最後論文和書信序〉一文，爲我們清楚提點陳獨秀的論文及給友人書信的重點。他一生追求德先生（民主）和賽先生（科學）的理念，年紀越成熟，追求越炙熱。例如：他在 1940 年 7 月 31 日〈給連根的信〉說道：

「你們錯誤的根由，第一是不懂得資產階級民主政治之眞實價值，（自列寧、托洛斯基以下均如此。）把民主政治當著只是資產階級的統治方式，是僞善，是欺騙，而不懂得民主政治的眞實內容是：

法院以外機關無捕人權，
無參政權不納稅，
非議會通過政府無徵稅權，

政府之反對黨有組織言論出版自由，
工人有罷工權，
農民有耕種土地權，
思想宗教自由等等；

這都是大眾所需要，也是十三世紀以來大眾以鮮血鬥爭七百餘年，才得到今天的所謂『資產階級的民主政治』。這正是俄、義、德所要推翻的。

所謂『無產階級的民主政治』，和資產階級的民主只是實施的範圍廣狹不同，並不是在內容上另有一套無產階級的民主。十月（革命）以來，拿『無產階級的民主』這一空洞的抽象名詞做武器，來打毀資產階級的實際民主，才至有今天的史大林統治的蘇聯。義、德還是跟著學話。現在你們又拿這一個空洞的名詞做武器，來爲希特勒攻打資產階級民主的英美。」

上述言論表現，是陳獨秀經過自己獨立思考的結論，也是他覺悟之後的見解，因此他大膽指責「自列寧、托洛斯基以下」都不懂得「資產階級民主政治之眞實價値」；同時也指出多年以來，共產黨用來打擊民主政治的武器——「無產階級的民主」原來只是一個空洞抽象名詞而已！

他在 1940 年 9 月〈給西流的信〉之中，做了一張民主制與法西斯制對照表：

甲、英美及戰敗前法國的民主制	乙、俄德義的法西斯制（蘇俄政制是德、義的老師，故可爲一類。）
一、議會選舉由各黨（政府反對黨也在內）壟斷其選區，而各黨仍需發布競選的政綱及演說，以迎合選民要求，因選民畢竟最後還有投票權。開會時有相當的討論爭辯。	一、蘇維埃或國會選舉由政府黨指定。開會時只有舉手，沒有爭辯。
二、無法院命令不能捕人殺人。	二、秘密政治警察可以任意捕人殺人。
三、政府的反對派甚至共產黨公開存在。	三、一國一黨，不容許別黨存在。
四、思想，言論，出版，相當自由。	四、思想，言論，出版，絕不自由。
五、罷工本身非犯罪行為。	五、絕對不許罷工，罷工即是犯罪。

「每個康民尼斯特（即共產黨）看了這張表，還有臉咒罵資產階級的民主嗎？宗教式的迷信時代，應當早點過去，大眾醒醒罷！今後的革命仍舊認爲『民主已經過時，資產階級政權只有獨裁，沒有民主』。那只有聽任格別烏蹦蹂全人類……」

他的論文〈我的根本意見〉、〈戰後世界大勢之輪廓〉、〈再論世界大勢〉、〈被壓迫民族之前途〉，雖然是在偏鄉所做，但因他思想寬廣，視野遠瞻，故能見人之所未見，提出高瞻遠矚的遠見。國民黨只有一黨之私，蔣家父子只求「父死子繼」，完全無視「民主政治」的優點，讀一讀真正知識份子的作品，還真有益身心健康！

作者簡介

陳獨秀（1879～1942），字仲甫，號實庵，安徽省懷寧縣人。曾赴日本留學，返安徽後於1904～1905年創辦《安徽俗話報》。1915年9月創辦《青年》雜誌，1916年改名《新青年》雜誌，宣揚「德先生」（民主）與「賽先生」（科學）。1917年蔡元培出任北京大學校長，聘任陳出任文科學長。1918年陳獨秀和北大教授李大釗共辦《每周評論》。《新青年》雜誌提倡「文學革命論」，在1919年「五四運動」中，成為全國青年學子的明燈。1921年中共一大，被選為中共中央書記，到1927年中共「八七會議」，批判陳犯有嚴重「右傾機會主義」錯誤，才由瞿秋白取而代之，從此與中共分手。1932年10月，陳被上海公共租借巡捕以「創辦非法政黨」之罪名逮捕，移送南京政府判刑，1937年8月獲釋。1942年5月27日病逝四川江津，享年63歲。

3.《山河歲月》

胡蘭成著　遠景出版公司　1975 年 5 月初版

我是在生死成敗的邊緣、善惡是非的邊緣上安身的人，明白昔人說的如臨深淵，如履薄冰的那大膽與小心是怎樣的，我是有我的不介意與絕不苟且。

此著是我的思想與文章之始，其中的發想已樹立了我一生學問的體系，後來在日本的研究雖添了新意，亦依然法無增減。今付再版，惟刪〈解放軍與廢記〉一章，還有〈伐共建國〉一章是改寫。《山河歲月》是寫現今世上的天意人事亦如漁樵閑話，但亦有爲匹夫匹婦而怒。

作者，〈台灣版自序〉，

1975 年 1 月於華岡

《山河歲月》，遠景出版社，1976 年 5 月初版。

《山河歲月》初版於 1954 年日本，作者胡蘭成在二戰中曾出任汪精衛政權官員，終戰後因企圖組織兵變，遭國府通緝而流亡日本。1974 年經蔣介石特別批准而到文化大學任教，遂有台灣版的出版契機。蔣介石病逝於 1975 年 4 月，《山河歲月》隨即在 5 月出版，引發國民黨御用文人不滿，群起攻擊胡蘭成，造成輿論壓力，迫使台灣警備總司令部在當年年底發出公函：

> 台灣警備總司令部 64.12.20.（64）謙旺字第 8566 號函
>
> 主旨：《山河歲月》一書內容不妥，依法查禁報繳，請查照辦理。
>
> 說明：
>
> 一、台北市遠景出版社六十四年五月印行胡蘭成所著《山河歲月》一書（全一冊，三十二開，二九六頁），內容不妥，核已違反〈台灣地區戒嚴時期出版物管制辦法〉第三條第六款足以淆亂視聽，影響民心士氣之規定，應予查禁。
>
> 二、請轉知所屬協調有關單位，依法檢扣報繳。
>
> 總司令　陸軍二級上將　鄭爲元

《山河歲月》台灣版經作者胡蘭成刪除、改寫後，以〈世界文明的河源〉開頭，至〈伐共建國〉止，共分二十章；胡蘭成在本書〈初版自序〉表示：「凡五易稿，費時六年，書成。……打天下亦只是閑情，我此書能被當作閑書，無事時有事時可以常看看，即是我的得意了。」

本書第一～四章談論世界文明由阿瑙蘇撒新石器時代而建立埃及、巴比倫、印度及中國文明。他以爲中國文明與西方文明分歧在於地利與產業，因土地肥沃與否，使得埃及、巴比倫因土地的霸佔與買賣而出現商業資本的奴隸社會，造成貧富不均，而衍生建立起僧侶政治、王國帝國，最後成爲現代西洋國家。然而在中國從未建立類似西方國家的政經制度，中國的換朝易代不是革命，內憂外患亦惟亡國而無亡天下，遂無西方的宗教哲學、藝術等物。作者自我強調中國向來就比西方好，將來會使全世界皆生存於中國的文明裡。

胡蘭成自認在西方埃及、巴比倫、羅馬帝國、印度等的政治之外，漢人的「惟王建國」，是平等自在的，更靜好，亦更有行動的大力。它是文明的自體，歷劫而常新。他論及「中國人的平等自在，可以布衣之士有爲天子所不得而臣，爲諸侯所不得而友。」言及井田經濟之翻新，猶如仍活在中古世紀，誇稱其制度之優越，總以爲中國能來天下之物，他國之富亦即我之富，卻提不出如何現代化的辦法。

作者以爲歷朝治亂離合，是因新制度初行時尚帶苛性，未能與人生的全面相調和，而且還有是因產業地域在擴大中的震動。顯見西方文明的一無是處，而中國文明的處處優異。

胡蘭成是名作家張愛玲（1920～1995）的首任丈夫（1944結婚～1947離婚），書中他亦提起在溫州亡命時，和張愛玲遊廟，愛玲指點他欣賞神像雕刻的美，更在溫州木器街欣賞舊式床櫥的美感；兩人一起聆聽京戲唱片欣賞京劇之美。愛玲提及魯迅的小說與《三閑集》，魯迅的滑稽正是中國評人的壯闊活潑喜樂，比起幽默諷刺，魯事厚意，能掉矣；魯常把自己裝成呆頭呆腦，這可愛即在於他的跌宕自喜，很刁。魯迅的毛病是他教育青年之心太切，而其思想其實許多不對。可是今日崇拜魯迅者惟知校對思想，且以爲在時代的階段上他們比他又進了幾步，眞是呆子！

〈辛亥革命〉章中，他以爲中國的革命是其民族的天才的最高表現。孫中山的自覺更出於漢高祖劉邦之上，從中華民國元年的臨時約法到建國大綱、三民主義與五權憲法，都是孫中山由積思中得天啓，一步步艱難，一步步均似偶然的發見。孫中山是從這創業的體驗說出了知易行難的道理。

〈五四運動〉章中，他說明：五四時代是個分水嶺，從此軍閥要過時，國會的花要謝，從曾國藩、李鴻章、張之洞幕府以來的士，從袁世凱訓練下的新兵，都要讓給新的知識份子與北伐革命軍了。五四時代是中華民國要發生無數大事之前，釀花天氣風風雨雨的豪華。

在〈國民革命軍北伐〉一章，胡蘭成認爲：中國文化人士獨有其士的傳統，志在於治國平天下。但自五四運動以來，他們把治國平天下的道理迷失了，孫中山的三民主義已建立了中國自己的新政治學與新經濟學，然而五四以來的文化人以西洋的政治學與經濟學爲標準而批評說是不合格。不惟左派文化人，連民主人士亦以爲國民政府是不合格。他們是不但忘了士的做學問的方法，且亦忘失了士的責任。他們借時局的動亂而攻擊政府，卻不知他們自己要負造成動亂的責任。他以爲：中國辛亥革命的餘勢爲北伐、剿共與抗戰，以至於今猶遼遼未央。所以像北伐、抗戰都有風光，事後令人想念之不盡。便如剿共，亦曾是有風光的。革命可以相忘於一個大的行動，尤其是像抗戰，那行動就是革命的表現的一切，革命的意思與色相都在這裡了。

〈抗戰歲月〉文中，胡蘭成以爲：抗戰能這樣久，而且得到最後勝利，並非多靠外援，外援雖有一點，但並沒有用來打日本軍，而日本在中國的敗象是還在美國投原子炸彈之前就已畢現的了。抗戰的偉大乃是中國文明的偉大。彼時許多地方淪陷了，中國人卻不當它是失去了，雖在淪陷區的亦沒有覺得是被征服了。中國人是能有天下，而從來亦沒有過亡天下的，其對國家的信是這樣的人世的貞信。彼時總覺得戰爭是在遼遠的地方進行似的，因爲中國人有一個境界非戰爭所能到達。

終章〈伐共建國〉談到：清末民國以來的一代人都是面對著「革命」的課題，但其中只有孫中山一人提出了正確的答案。然而孫先生是寂寞的，當時的一般文化人與青年不知在革命的學問上接受他的思想。乃至現在亦然，現在大家知道要反共了，但反共並不就是知道佩服孫文學說了。這是因爲孫先生的思想與他們在學校裡所學得的常識相違。學校裡至今在教的是十九世紀西洋的科學觀與歷史學觀，而與今世紀在這兩方面的新知識無干。同時，此十餘年來，大陸的饑饉、紅衛兵造反、批林批孔，而共匪內部未至於內戰者，只因沒有革命思想。他們雖然對共產黨失望了。但是沒有一個可以開創中國與世界的新理想使人甘願爲之生，爲之死。論及「伐共」議題，也要考慮國際情勢；假使共匪發生內戰，美國亦未必就同意我國出兵，是一難。反攻大陸時蘇俄乘勢侵入我國，更是可憂。美國不同意國軍渡海反攻，一是美國爲配合其在太平洋的防衛線原則，寧願保持台灣海峽現狀，二亦是顧慮美軍若支援我國軍刺激俄軍介入，但美國雖不給蘇俄以藉口，中共在內亂與國軍反攻下崩潰時，俄軍亦要趁火打劫侵入我國邊境的。所以，我們惟一的路只有是革，連人事連天意都革。能是一個大的革命，就人的氣概與想法都兩樣了。革命才能反共復國行於險惡的形勢亦覺得是好玩，而且要爲世界開出新時代。

這是一本思考跳躍式的閒書，作者以其新鮮的筆姿撰寫中國文明與世界文明之關係，讀之如觀賞美景的行雲流水，風吹草動。書中描繪歷史的天意人事，猶如聆聽快板說書。他提出專家學者所無感，或有感卻也無力提出的問題，雖也稍微蕪雜，然而總是個值得去思索的問題。

董千里先生在香港《星島日報》對本書的評論是：

《山河歲月》是胡蘭成的歷史觀，看他說來有趣，但是不能認眞。雖云舉重可以若輕，到底是不是眞輕，歷史自有其沉重的份量，某些處可以四兩撥千斤，某些處卻又必須如承大賓，一概把來輕飄飄地舉過，作爲個人的歷史觀或無妨，卻是不可以傳授的。

《山河歲月》也好，《今生今世》也好，都是既有優點也有缺點，中年以上的人如果在趣味上能夠體會，可以看得津津有味，不然必定大起反感，我以爲如以看小說的心情看這兩本書，也許能享受若干意料之外的樂趣。

胡蘭成的文字可以欣賞，但絕不可學，因爲畫虎不成必定反類犬。

作者簡介

胡蘭成（1906～1981），浙江嵊縣人，北平燕京大學肄業。名作家張愛玲首任丈夫（1944～1947）。曾任職汪精衛政權宣傳部次長、行政院法制局長。1944年在漢口辦理《大楚報》，擔任社長。終戰後曾策劃兵變企圖對抗蔣政權，事敗後至溫州藏匿，開始撰寫《山河歲月》。1950年由香港偷渡日本，長期定居日本。1974年經蔣介石批准，來台任教於中國文化大學。其文學才能影響朱西甯、朱天文、朱天心父女，台灣文學界對他的評價呈現兩極化。1975年4月蔣介石病逝，他曾上書蔣經國，希望小蔣進行政治改革。孰料遭到趙滋藩、余光中、胡秋原等忠貞黨員攻擊，指責他為「漢奸」。5月出版的《山河歲月》一書，於當年12月20日被警備總部查禁並扣繳。文化大學教職亦遭解聘。他遂於1976年離台返日。1981年病逝東京。主要作品有：《山河歲月》、《今生今世》、《戰難和亦不易》、《禪是一枝花》等。

4.《大漢奸周佛海日記》

周佛海著　藍燈文化公司　1976年6月10日初版

周佛海是民國時期政治舞台上的一位活躍人物。曾是中共一大代表，兼首任代理書記，後加入中國國民黨。中日戰爭於1937年爆發後，他在1938年追隨「主和派」要角汪精衛（兆銘）離開重慶，經雲南轉赴越南、香港，最後抵達日本控制下的上海。1940年在南京建立汪記政權，他和汪精衛、陳公博並列汪記南京國民政府三巨頭。他是汪記政權內態度最積極、行動力最強的高官。閱讀他的日記可以瞭解汪記政權與日本的各式各樣的交涉與互動，展現出日本內閣與軍方的對立；而面對重慶蔣家政權雙方互派密使的地下溝通及特工們的各顯神通，也瞭解汪記政權內部人、事、物等的各種問題所在，而體會周佛海個人在日記中留下思想與感觸的心路歷程。

本書台灣版全名《大漢奸周佛海日記——汪僞政權三巨頭之一》，是根據香港創墾出版社出版《周佛海日記》一書（1953年8月初版，曹聚仁注）翻印而成，內容摘取周佛海由1940年1月1日至12月20日的日記。雖然藍燈文化公司費盡心思，特意在書名加上「大漢奸」三字，有意博取官方的認同，可惜的是警備總部毫不領情，出版不到四個月的 10 月 8 日，即發函將之查禁檢扣報繳。

台灣警備總司令部 65.10.08 謙旺字第 5019 號函

主旨：《周佛海日記》一書內容不妥，依法查禁，請查照辦理！

說明：

一、台中市雙十路一段 113 之 5 號藍燈文化事業有限公司，於中華民國六十五年六月十日印行《周佛海日記》一書（全一冊，三十二開，二○二頁），經核違反〈台灣地區戒嚴時期出版物管制辦法〉第三條三、四、五、六各款，依同法第八條之規定，予以查禁。

二、請轉知所屬協調有關單位，依法檢扣報繳。

總司令　陸軍二級上將　鄭爲元

茲將《周佛海日記》重點摘要如下：

1 月 1 日　赴汪先生處拜年……返寓後，宗武來談，兩人相約以國家爲前程，個人成敗，不應計及，中央政府必須成立，重慶必須設法打通，兩人分工合作，異途同歸，總以全國停戰和平爲目標，努力前進；兩人發誓各自努力，各相諒解。

《周佛海日記》，藍燈文化，1976 年 6 月 10 日初版。

上海人民出版社的《周佛海日記》，1984 年 2 月初版，刊載周佛海 1940、1943 至 1945 年間的完整日記，頗有參考價值。

1 月 2 日　下午陪汪先生接見影佐（禎昭），商日本當局與汪先生發表聯合宣言，或同時各發宣言，以相呼應，並提議此項宣言，最好於政治會議以前發表，影佐深表贊同，我方並盼此時日本有一要人來滬，影佐願努力向東京接洽。

1 月 4 日　與思平、柏生……等洽商青島會談之各項準備，當討論中央政治會議組織綱要及組織條例。……旋赴思平處，聞宗武、希聖失蹤，大約係赴香港，回憶一號與宗武所談，恍然大悟。

日記中宗武即高宗武，爲日本通；希聖爲陶希聖。周佛海1月4日在梅思平處得知高、陶兩人失蹤，並憶起1月1日他和高的談話，心中已知汪政權和日本在1939年11月至12月所達成的密約終將曝光；高、陶兩人於1月22日在香港各報披露了密約內容。

《大紅大黑周佛海》，上海人民出版，2002年6月初版。

青島會談是指當年1月23～26日，汪精衛與華北臨時政府王克敏、維新政府梁鴻志在青島就即將成立的汪記南京政府進行磋商，決議將臨時政府改組爲華北政務委員會，取消維新政府等事宜。

1月30日　至余現決心全力組織新中央政府，將來亦擬努力與重慶和平，絕不存見諒與蔣先生之心，尤不存見用於蔣先生之心，爲和平而來，當然爲和平而去，將來和議告成，余當擺脫一切爲一平民也。

2月22日　和平運動至汪先生艷電前後，空氣極佳，自高陶事件以後，突轉惡化，目前形勢，險惡萬分，加以中央政府三月內不成立，則和平運動即將解體也。

3月30日　赴國民政府舉行還都典禮及各院部會長官就職典禮，在隆重嚴肅空氣中完成。余之理想果實現，爲人生一大快事。

3 月 31 日　國民政府還都，青天白日滿地紅重飄揚於石頭城畔，完全係余一人所發起。以後運動亦以余爲中心，人生有此一段，亦不虛生一世也。今後困難問題固多，僅此亦足以自豪。

周佛海經過一年多的醞釀，汪記南京政權終於以「還都」名義建立，陳公博擔任立法院長，周佛海出任財政及警政部長，掌控汪記政權的財務與特務命脈。難怪他會在日記中志得意滿地說「人生有此一段，亦不虛生一世也。」

4 月 25 日　和與戰在蔣先生一轉念間，線索雖多，無濟於事，成事雖在天，人力亦不可不盡也。……心淑（岑廣德）來談亞農緘司徒雷登將自港來滬，切盼與余晤談。豈蔣先生有和意歟？果爾，是天福中國也。

5 月 1 日　余告以蔣先生仍意氣用事，全面和平前途遼遠，至吾輩對重慶說話，似乎尚早，必須做出幾件事，表示吾輩並非無辦法，然後再與之談。公博亦表示贊同。汪先生反謂不妨同時併行，汪先生如此熱心，殊出余意外。

5 月 4 日　晚，公博訪周作民回，據云：蔣無和意。返寓後，閱英美大使與蔣談話記錄，蔣主張日不撤兵，決不言和，謂英美即不援助中國，亦可獨立作戰。核閱該項情報，內容極確，日方覺悟者不多，而軍人尤甚，又何怪蔣之主張長期抗戰？瞻念前途，憂心如焚。

5 月 24 日　謁汪先生，談要事數件，並聞蔣先生表示，即打至緬甸，亦不願與吾輩合作，重意氣輕國家，於此可見。余數月來已用盡方法，向渝方表示誠意，並表示如全面和平可期，吾儕雖亡命，亦所不惜，今蔣竟如此，吾儕之心盡矣。……念政府成立兩月，內外期待俱殷，而毫無表現，長此下去，則內外同情均將漸失，而政府亦將被人輕視，興念及此，焦急萬分。

7 月 14 日　晚與公博、思平、心淑談最近情形及將來趨勢，並商全面和平後吾輩自處之法，及爲國努力之道，預料蔣於一年內，因須利用吾輩向日接洽，甚至重用，一年以後，即將暗殺，故吾輩近一年之努力，使和平基礎鞏固，即當明哲保身，遠走高飛，所苦者部下耳，置之不理，於人情上實說不過去，奈何？

9 月 9 日　以余觀之，渝方並無誠意及決心，不過虛與委蛇而已；惟談次忽猛省，此次日方既交出近衛致蔣之親筆信，渝方或可由假變眞，亦未可知；故蔣親筆回近衛之信，並非不可能；果爾，則全面和平或者可期也。

9 月 27 日　蔣對余向未以國士相待，且和戰政策與余不同，故忍痛離渝。今汪先生與余主張既同，而又以國士相待，余焉忍相離？全面和平爲余主張，余本人決不能反汪。

從上述日記中，可以發現周佛海對重慶蔣政權仍抱有期待，他對蔣介石仍以蔣先生尊稱，希望重慶政權能和日本和平相處，避免人民遭受戰爭的荼毒。9 月 27 日的日記更表明他追隨汪精衛的決心與理由。

5月6日 瞻念前途，內外困難均多，將來未知如何了結，余所負責任尤重，日夕徬徨，憂心如搗，但願天相中國，於山窮水盡時，別開新天地，否則中國固亡，日本亦不能獨存。此點日方瞭解者甚少，殊覺可慮也。

5月26日 余等此次出爲和平運動，已預備犧牲一切，苟和平得達，雖亡命亦所不惜，但世變多端，恐和平終不可期，而吾輩又無立足之地，蓋日本少壯派，尚有主張征服中國，對余輩尚欲加害者，情形如此，令人不安。

8月1日 今河山破碎，瘡痍滿目，欲登斯民於衽席，不知在何年何月，即本身將來如何歸宿，亦成問題，瞻念前途，不寒而慄也。

8月5日 默念全面和平實現無期，這台戲如何了結，眞令人焦慮萬狀也。

10月28日 念及瘡痍滿目，荊棘遍地，未知將來如何收拾，實感責任之艱鉅也。

12月5日 兩年前今日，離開重慶，回首前塵，恍如隔世。兩年來不僅國家情勢，個人身世，發生無限變化，即世界情形與兩年前亦有巨大變動。今後如何發展，非人力所能預知，惟觀察日本疲憊情形，又似重慶見解爲正當，而吾人爲錯誤矣。是非功罪，目前無法判斷，惟有行其心之所安而已。

12月12日 出席中政會，被推爲行政院副院長。名分愈高，責任愈重，不禁危懼。

12月20日　返寓後客少人稀，因得冷靜考慮，深覺在漢在渝時，對日本之觀察甚爲錯誤，今事實表現，在在足以證明抗戰派之理論正確。好在認識不足，固罪有應得，而一心爲國，欲於萬無可如何之中，爲國家留一線生路，則可以對天日鬼神也。

12月30日　回憶前年今日，與公博由河內飛香港，發出汪先生艷電，和平運動遂由此開端。……晚公博、心淑、思平、犬養（建）來談，瞻念前途，荊棘遍地，而日本之無辦法，實出人意料之外，今後不僅爲我國憂，且亦爲日本擔心，蓋其機構複雜，意見分歧，命令不能確實奉行，大權操之下屬，病根甚深，恐不易醫治也。

12月31日　回憶一年來籌開青島會談，籌開政治會議，實行國府還都，談簽基本條約，籌備中央銀行，一點一滴，主要莫非余之心血。本年一月一日日記有云「去年爲有生以來經驗上生活上最豐富之一年」，今年則爲負責最重，用心最多，應付最苦之一年。盼明年以後雖負同樣重責，而應付較易，用心亦不必太多，惟恐天不隨人願耳。……晚與思平、心淑、君強、淑雍閒談，深覺各院、部、會上中下人員，大部人人爲私，其忠心爲國、努力奉公者，實不可多得，如此情形，何能建國？大廈將傾，一木豈能支持，不禁心灰意冷。民國二十九年去矣，窗外狂風怒號，百感交集。

這段日記主要是呈現周佛海自我內心的矛盾與糾結，他眼見日本政府內部的政策不能齊一，而重慶蔣政權對於和平運動的反反覆覆，加之汪記政權內部人員私心自用，令他頗爲失望，但是他在頭已淋濕狀況下，只能勉爲其難地繼續苦撐下去，1942 年正式向重慶蔣政權秘密投誠自首「戴罪立功」。在 2011 年 10 月 8 日出版的《戴笠與抗戰》（三卷本）一書，證實周佛海在 1943 年已經被戴笠吸收進入中統，成爲中統在汪記政權中的臥底。

戰後，國共兩黨本著中國「勝者爲王，敗者爲寇」原則，指責汪精衛、陳公博、周佛海等人爲「漢奸」，在教科書及民間出版品上大肆抹黑，究其實際，仍有待國民黨內部文件的出土來證實。若拋開「漢奸」問題不談，則周佛海之辦事能力堪稱一流，絕不比現代的企業家差；因爲在 1940 年代落後的中國，他竟然有能力在一年三個月的時間「開辦」一個中央政府，實在是了不起！

作者簡介

周佛海（1897～1948），湖南沅陵人。在抗日戰爭時期，他是以汪精衛為首的「和平運動」發起人之一，1939年他公開投靠日本，1940年成立汪記南京政府，歷任中央執行委員會常務委員、中央政府政治委員會常務委員兼秘書長、行政院副院長兼財政部長、警政部長、中央儲備銀行總裁、中央軍事委員會委員、財政部中央稅警總團總團長、清鄉委員會副委員長、新生活運動促進委員會副委員長、物資統制委員會委員長、上海特別市市長兼保安司令及警察局長等職，與汪精衛、陳公博齊名，同為汪記政權三巨頭。

他在日本投降後，被戴笠任命為上海行動總隊總隊長；但在輿論壓力下遭到逮捕，並在1946年11月7日被判處死刑；蔣介石在1947年3月26日將他特赦為無期徒刑。他因為無法取得保外就醫，於1948年2月28日因「心臟病」發作而死於南京老虎橋監獄，享年五十一歲。

5.《台灣的明天》

趙明編譯　文智出版社　1978 年 12 月 23 日初版

《台灣的明天》一書文章分別摘自美國《時代週刊》的〈台灣的政治動向〉、美國國務院東亞事務局中華民國科科長柏頓·李文在美國眾議院國際關係委員會所屬之小組委員會以〈台灣人權情況及其遠景〉對台灣人權問題所做的證詞、《台灣政論》有康寧祥〈如何促進台灣的進步與和諧〉、《自立晚報》刊登吳豐山〈時局在蛻變中〉、《新生代叢刊》有孫亞夫〈泛談中央民意代表增選問題〉、《台灣日報》張俊宏的〈國會改選〉、《這一代》雜誌何文振的〈國會改選方案〉與許一文、蘇洪月嬌〈增設中央「第四國

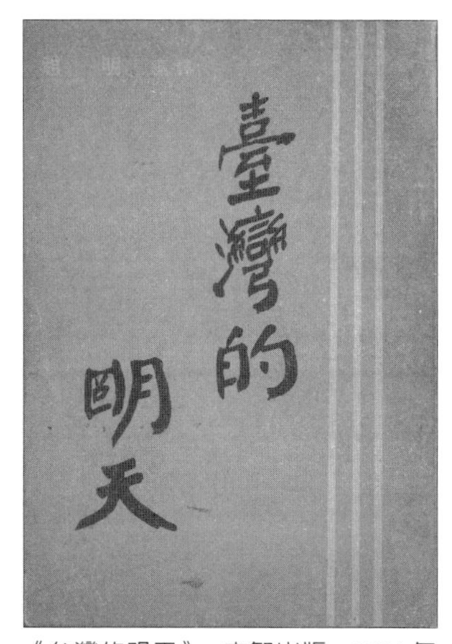

《台灣的明天》，文智出版，1976 年 12 月 23 日初版，當日即遭警備總部查禁。

會」芻議〉、香港《新聞天地》週刊有顏文門〈國會是改革的時候了〉、《夏潮》雜誌的黃宗文、宋國誠〈「民主」的吶喊！〉訪問黃年與金惟純等二篇及何文振《給國民黨的諍言》、黃煌雄《國民黨往何處去？》二書內容。

台灣警備總司令部 67.12.23.（67）謙旺字第 5634 號函
主旨：《台灣的明天》一書，內容不妥，依法查禁，請查照辦理。
說明：
一、文智出版社六十七年十二月二十三日印行趙明編譯《台灣的明天》一書（全一冊，三十二開，二一八頁），內容不妥，核已違反〈台灣地區戒嚴時期出版物管制辦法〉第三條第五款「違背反共國策者」、第六款「淆亂視聽，足以影響民心士氣」之規定，應予查禁。
二、請轉知所屬協調有關單位，依法檢扣報繳。

總司令　陸軍二級上將　汪敬煕

仔細研讀本書的十二篇文章，警備總部比較忌諱的應該是〈台灣的政治動向〉、〈台灣人權情況及其遠景〉與〈增設中央「第四國會」芻議〉等三篇。

〈台灣的政治動向〉是《時代週刊》（*Time*）記者李查．波士坦，在台灣的國民大會於 3 月初選舉蔣經國為新任總統，來台採訪官員及黨外人士所做的報導：

這位新總統就要面對若干嚴重的問題。首先，令人擔心的就是：美國終將與台北斷絕邦交，而和「北京」建立外交關係。另一個挑戰卻在蕭牆之內，就是最近有一股反對活動，迅速地增長，他們呼籲執政黨，給予部分較大的參政。

在去年（1977）十一月全島地方選舉中，黨外人士獲得意外的結果：省議會 77 個席次贏得 21 席，更取得 4 席縣市長職位；加上國民黨官員在選舉當天，被指控操縱選民，而引爆中壢事件，震驚了執政黨。

黨外人士明知他們的活動會遭到執政黨反擊，但他們仍不猶疑地堅持幾項關鍵性的改革。目標是：讓更多的台灣人參與更重要的職位，並繼續蔣介石去世後，已經進行的政治生活逐步民主化；也主張慢慢地、謹慎地通過立法——允許建立一個新的反對黨，並結束那獨佔經濟利益的少數官僚特權，也不希望政府資金流入黨的金庫。

行政院長——即將任職的新總統蔣經國，在國民大會開會期間，曾公開抨擊：「爲了批評而批評，和爲了反對而反對。」許多黨外人士認爲這是對他們的警告，不可爲了目的而操之過急。……一位自由人士說：「這過程也許長久而緩慢，可是執政黨似乎已難以恢復以前的專權了。」

柏頓・李文在美國眾議院作證時指出：贊成卡特總統主張「人權」爲美國外交政策的基本立場，再就台灣的問題，向眾議員們做了一番說明。其中要點有：

現況之觀察：二戰結束後，經濟衰疲的台灣被置於深受戰爭及內部衝突困擾的中國統治，因為統治不當而導致1947 年的二二八事件；蔣介石再因「國共內戰」失敗於1949 年流亡台灣，因為「恐共」而進行軍事統治到 1960 年代末期，才逐漸民主化。

有利及不利於改變之因素：有利因素有持續的和平、安定及經濟發展。不利因素有 1.除了西方特色外，台灣基本上仍是一中國社會，深受兩千年來中國政治傳統的影響。2.雖然從 1958 年第二次台海危機後，一直沒有重大戰鬥，但國共雙方仍處於繼續內戰的狀態。

拷問及嚴酷待遇：報告仍有，但近年已較減少。這些報告均予未審判前之拘禁及逼供有關。另外指出政府監聽及困擾反對其基本政策者家人及親友，這造成人民顧慮和不安，限制言論自由及政治活動。

政治犯：中華民國確有政治犯，數目不確，相信有好幾百人。國際特赦組織有名字的有二百名左右。

戒嚴法：政府於 1948 年國共內戰時，頒佈實施戒嚴法，至今仍舊生效。它賦予政府廣泛權力在軍事法庭審判許多種罪行、限制政治集會、禁止罷工及新聞檢查（註：1987年 7 月 15 日才解嚴）。

拘留及正當法律程序：國府早期在台灣統治時有失蹤情事發生，近年的印象是被拘留者最後終會被控告、審判、釋放。軍事審判通常僅數小時，由辯護律師代表，被告很少有眞的機會替自己辯護或對質。軍事法庭至今尚未能眞正獨立。

選舉：選舉過程所受之重要限制是在結構上而非技術上。1.由於國府仍以代表全中國人民之政府爲由，自認除非重新控制全中國，否則全國大選將無法舉行。2.不論在理論上存在的兩黨對立，國府仍是實際的一黨國家。

新聞自由：雖然憲法保障言論及新聞自由，但戒嚴法賦予政府限制兩者的權力。任何與官方所聲明代表全中國之相反意見者、與其堅強反共立場不一致、有關台灣獨立之言論都不被允許，且可依法懲罰。新聞界則實施「自我檢查」，出版品則事後檢查，可取消文章或查禁查扣等行政處分，對外國進口報紙及雜誌亦先檢查通過才放行。

美國的行動：我們已表明對於特殊政治犯的興趣以顯示我們對那些人權遭侵害者的關懷，並用以幫助特殊的個人。我相信這些努力就長期傾向而言，有助於鼓勵台灣朝向一更開放的社會。

未來的預測：那些促使中華民國趨向一更開放社會的廣泛國內外因素，在未來的幾年裡仍將促使其進步。雖然偶有退縮，但就長期傾向來看，對個人自由的尊重必將增加。在這種大潮流的推動下，將會大幅度改變未來的方向，我可向諸位保證，行政機關在和國會步調一致下，將繼續尋求有效方式以鼓勵台灣朝向一個更開放的社會。

許一文、蘇洪月嬌的〈增設中央「第四國會」芻議〉

文章，後來印成一本 64 頁小冊，這本書曾被警備總部於67.06.23.（67）謙旺字第 2743 號函查禁在案。其差別在於刊登在《這一代》雜誌只有第一至四章，而編輯成冊的《增設中央第四國會芻議》，則多加第五、六章，提出更完整的問題論述及對國府的恰當建議。作者許一文就是施明德先生，是後來美麗島事件的要角之一。有興趣尋找眞相的讀友，可以找拙著《台灣禁書的故事》第 116 至 126 頁參考。

作者簡介

趙明，《台灣的明天》一書的編者兼譯者，餘不詳。

6.《近代中國思想史》

郭湛波著　無出版社及出版日期

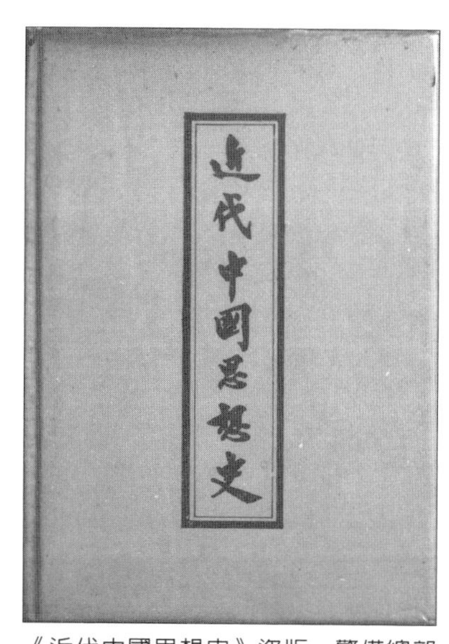

《近代中國思想史》盜版，警備總部於 1979 年 5 月 11 日發函查禁。

郭湛波是中國近現代思想史研究的奠基者之一，他的《近代中國思想史》有段很有趣的出版歷史。最初的書名叫《近三十年中國思想史》，初稿於 1934 年 9 月完成，由北平大北書局在 1935 年 11 月初版發行，市場反應很好，翌年二月即接到再版要求；經作者修訂增補，並聽從馮友蘭先生建議，改名爲《近五十年中國思想史》，再由北平人文書店於 1936 年 8 月再版發行。作者在〈再版自序〉說：

「本書原名《近三十年中國思想史》，但本書始於康有爲，自康氏思想之成熟至今日，約五十餘年。有一天清華大學文學院院長馮芝生（友蘭）先生對我說『本書自康梁起，至今日已不只三十年，不如改爲五十年，較名符其實，再說五十年是半世紀。』所以現在從馮先生建議，改爲《近五十年中國思想史》。」

《近五十年中國思想史》內容介紹康有爲、譚嗣同、吳敬恆（稚暉）、王國維、陳獨秀、李大釗、梁漱溟、馮友蘭、郭沫若等九人的思想，再加上〈關於思想方法〉、〈傳統思想的批判〉、〈關於思想論戰〉及〈外來思想介紹〉等四篇。

作者於 1966 年 12 月再加入〈導言〉、嚴復、孫中山、蔡元培、胡適等五篇，列爲《近五十年來中國思想史補編》，由美國芝加哥遠東圖書館推薦，香港龍門書店將正編與補編合梓出版爲《近代中國思想史》正補合梓版。

1973 年 3 月，作者再加入梁啓超、章炳麟（太炎）、劉師培等三篇，以《近代中國思想史》書名，由香港龍門書店初版發行。台灣盜版商是將龍門書店的版權頁廢棄後，以照相排版方式翻印此書；警備總部只能在查禁公函上列出「無出版社名稱、地址及出版時間」。

> 台灣警備總司令部 68.05.11.（68）謙旺字第 1848 號函
>
> 主旨：《近代中國思想史》一書，爲匪宣傳，依法查禁，請查照辦理。
>
> 說明：
>
> 一、查署名郭湛波著之《近代中國思想史》一書，（無

出版社名稱、地址及出版時間，全一冊，共五零一頁，約二十餘萬字，二十四開本），經核違反〈台灣地區戒嚴時期出版物管制辦法〉第二條、第三條第五款，依同法第八條之規定，予以查禁。

二、請轉知所屬協調有關單位，依法檢扣報繳。

總司令　陸軍二級上將　汪敬熙

作者在〈導言〉篇中，提點我們「近代中國史」的特徵，可以得到三個觀念：

第一個是數千年來未有之變局。

第二個是世界之中國：就是中國世界化，閉關自守時代已過去，中國要隨世界演變而變化，同時中國的變化，也要影響世界，第二次世界大戰就是一例。

第三是中國近代受英法——所謂西洋海權國，日本、蘇俄三面來侵略，演變到今日。

作者遂將中國近代史分成三個時期：

第一期：從鴉片戰爭至甲午戰爭（1840~94），以英法侵略爲主，發生有「鴉片戰爭」（1840~42）、「英法聯軍」（1856~60）、「中法之戰」（1883~85），造成割地賠款，喪權辱國，訂立各種不平等條約，使中國淪爲世界的次殖民地。

第二期：從甲午戰爭至二戰結束（1894～1945），發生「馬關條約」簽訂割讓台灣（1895）、提出「二十一條」強奪「山東」（1919）、「濟南慘案」阻止北伐（1928）、「九一八事變」（1931）、「盧溝橋事變」（1937）全面抗日、「二戰結束」日本投降（1945）。

第三期：二戰結束，日本投降，蘇俄乘虛而入，培植中共勢力坐大，爆發「國共內戰」，蔣家政權遂在 1949 年 12 月 7 日流亡台灣，隨後「韓戰」開打，國共在台灣海峽形成對峙局面而延續至今。

一位思想家思想的形成，當受時代背景之影響，但其受時代思想的影響，將更爲直接深刻。近代世界思想的主流爲達爾文的「進化論」與馬克思的「資本論」。這兩種思想影響了近代世界，也影響了近代中國；而且這兩種思想都以戰爭爲主。達爾文的「進化論」強調「優勝劣敗」及「適者生存」，也是近代帝國主義的起源；馬克思的「資本論」則講矛盾發展與階級鬥爭，背後仍是戰爭。而中國傳統思想剛好與之相反地反對戰爭；但是到了近代則思想大變，由此可見中國近代思想史的特徵——反傳統。

至於近代中國思想，作者將之分爲：

第一期的思想：1840～94 年。這個時代的思想特點，形成一個劇烈的對比，並且見之於行動。那就是「太平天國革命運動」，其思想行動正代表「反中國傳統」的思想，而平定「太平天國」的曾國藩剛好是對立面。

第二期的思想：1894～1928年。這是中國思想史的黃金年代，對中國傳統思想的破壞最劇烈，幾乎掃蕩殆盡。這個時期的思想特點有：

一、思想的方法——對邏輯的重視。

二、歷史哲學思想的應用。

三、對「民主」及「科學」思想的尊崇。

四、外來思想的直接輸入。

運用以上的標準，來衡量此時期的思想，則可分前半期（1894～1911），代表人物是康有爲、梁啓超、譚嗣同。

康有爲於1888年京師上書，倡議仿效日本變法維新，1891年發表《新學僞經考》，1894年遭清政府毀禁。1895年號召三千人公車上書請求變法，1896年發表《孔子改制考》，至1898年8月6日發生戊戌政變，百日維新終告失敗，然而束縛思想的「八股文」到1901年終於廢除。康有爲的「三統」、「三世」、「大同」等思想，實是由進化論的歷史哲學思想而來。譚嗣同於1896年著《仁學》一書，他要「衝決網羅」就是打破一切傳統的思想，他最終死於戊戌政變。梁啓超自戊戌政變失敗後，逃亡日本辦《新民叢報》介紹達爾文等西洋思想，風行一時，對當時青年影響頗大。

第二期的後半期由辛亥革命至南京政府成立（1911～

1928）爲止，陳獨秀、胡適爲代表人物。以《新青年》雜誌爲中心，於 1915 年創刊，至 1920 年停刊。1919 年「五四」運動發生，由愛國運動轉爲新文化運動，一切傳統思想破壞殆盡，而新思想如雨後春筍般冒出。這後半期的思想，是近代中國思想史上最光輝燦爛的一頁。

第三期是 1928 年之後，代表性人物有梁漱溟、馮友蘭等人，這一時期的特徵：不只是反中國傳統的思想，對來自歐美的思想一樣要批評反對。

〈關於思想方法〉提示說：在對日抗戰期間，中國邏輯也與中國思想一樣，隨著時代步伐，走到了一個新的方向。一個是以實用爲依歸，一個是要從中國舊書籍中找出邏輯思想，再與西洋邏輯冶爲一爐，建設一種新的邏輯，尤其把多年分歧的名稱，確定爲「理則學」。

〈傳統思想的批判〉認爲：中國百年以來，因爲社會的劇變，而對舊思想起了動搖；新思想的輸入，而「反孔」的思潮興起；孔子學說思想因時代轉移而崩潰，因而孵翼孔子思想之下的六經、古史也隨之動搖，這是顧頡剛、錢玄同二氏疑古思潮的產生，中國思想經過這次大革命——反孔與疑古，而籠罩二千多年的孔子思想一敗塗地，因而諸子思想應時而起，於是梁啓超、胡適的整理工作澎湃一時，中國思想經過胡適、梁漱溟、馮友蘭諸氏的整理，於是中國思想煥然一新，系統井然。這是中國近代舊思想的整理與批評，不過這種工作仍是發端，想要完成，全看我們用新的方法及眼光來努力！

〈關於思想論戰〉篇章，作者認為：以我們的眼光來看，所謂「中國本位文化建設」問題實與以前的「東西文化」問題不同；所謂曾國藩、李鴻章時代的「中學為體，西學為用」，康有為、梁啓超的尊孔與崇拜東方精神文明，可說是「正」；自新文化運動起，像胡適、吳稚暉一流人之全盤承受西洋文化，可說是「反」；今日的「中國本位文化建設」，一方面要保存中國固有文化，一方面吸收歐美文化，建設一種以中國為本位的新文化，可以說是「合」。這是中國文化發展的必然現象。

〈外來思想的介紹〉篇提到：近代中國思想最大之貢獻，即在西洋思想之介紹。英國思想以嚴復介紹赫胥黎、達爾文、史賓塞影響最大；德國思想以王國維介紹叔本華、尼采，陳獨秀介紹馬克思、恩格斯影響最大；法國思想以張君勱及張東蓀介紹柏格森；胡適介紹美國的杜威；張申府介紹英國羅素；李達介紹辯證唯物論及俄國列寧、布哈林、普列漢諾夫等的思想；李石曾介紹克魯泡特金的「互助論」。這些介紹的外來思想對中國近代思想產生很大的影響。

當學術碰上政治，麻煩就來了。《近代中國思想史》純粹是一本探討近代中國思想演變的學術書籍，但是蔣家政權就可以將之扭曲為「為匪宣傳」（第二條「匪酋匪幹之作品或翻譯及匪偽之出版物一律禁止」及第三條第五款「違背反共國策者」）；作者郭湛波跟隨蔣家流亡台灣，任職公家機關並在文化大學及輔仁大學教授中國思想史，他的學術成就也只能拿到異地出版。國民黨在戒嚴時期的台灣，是如此惡劣扼殺的言論及出版與講學的自由啊！

作者簡介

郭湛波（1905～90），原名海青，字湛波，河北大名人。1932年北大哲學系畢業，返鄉任河北第七師範訓育主任，因受學潮影響，翌年返北平從事近代中國思想史的研究與著述。1937年在北平師大中文系任教，曾秘密組織抗日愛國社團，導致1940年12月遭日軍逮捕入獄，1943年2月被營救釋放，遂至重慶國民政府任職，1948年當選國大代表。1949年來台，任立法院經濟及外交委員會秘書兼編審。他腳跨政學兩界，在思想界研究著述不輟。退休後在文化大學教授中國哲學史等課程，在輔仁大學哲學研究所講授近代中國思想史。後移民澳大利亞，於1990年去世。

7.《黨外文選 1984》

黨外編輯作家聯誼會出版　1985 年 12 月初版

三十多年來，黨外雜誌從來不曾如去（1984）年那樣受到自己人嚴厲的批評。在以前，黨外雜誌代表的是一種在政治高壓與恐怖中的抗議精神。即使未能負載人民的希望，它至少凝聚著民眾的敬佩。今天，黨外雜誌卻成爲民眾困惑，幹部質疑的對象。有時它所表現出來的無聊和撒野，連自己人都感到汗顏。這一切到底是如何發生的？

當我們回顧過去這一年時，我們不得不承認——黨外的宣傳者並不能掌握人民深沉的絕望和茫然，也未能以嶄新的語言提供人民任何希望。然而，即使如此我們仍然要再度重申這樣的呼籲，有什麼東西比全民的恐懼、挫折和惶惑更能點燃一個運動？有什麼東西比提供光明的前景和希望更能讓全民支持一個運動？

黨外雜誌在追逐著頭條新聞，隨著封面故事浮沉的時候，是不是也應該檢討一下它離人民大眾的心靈，是否愈來愈遙遠了？

吳乃德，〈回顧我們走過的那條路〉一文編按吳乃德在〈回顧我們走過的那條路——檢討1984年黨外雜誌〉，這篇反省與探討的總結性文章中，提醒我們思索下一步該如何走，他說：

《黨外文選 1984》，黨外編聯會於1985年12月初版，警備總部旋於1986年1月9日發函查禁。

「在這個反對運動尚未成形的階段中，政論雜誌被迫成爲反對行動的主要形式之一。政論雜誌乃或多或少地反應了目前黨外運動在轉折其中具有的苦悶、對立和憧憬。

從運動的角度而言，雜誌的正確導向應該是什麼？現階段雜誌被迫成爲反對活動的主要形式之一，這個問題特別值得我們仔細思量。雜誌除了發揮宣傳的功能之外，是否還扮演其他的角色，例如組織？在反對運動尚未成形的今天，後一個問題更值得我們重視。

黨外雜誌的分立，眞確地反應了黨外內部的結構。黨外其實是由一群使用相同政治符號、相同政治語言，卻有著不同步調和策略的人所組成。這些人與其稱之爲山頭，不如稱之爲各憑本事，單打獨鬥的戰士。由於雜誌在發展及累積政治資源方面具有的功效，雜誌對有些人似乎不可或缺。

黨外雜誌今天所處的困境，部分要歸罪於人爲的疏忽和不經心。對一個政治獻身者，光有理想、信仰和熱情是不夠的，重要的是行爲的後果是不可預見的，那麼每一個獻身政治的人在行動的每一階段之後，至少必須加以反省和修正。」

筆者之所以大段引用，因爲這篇文章是美麗島事件之後，黨外新生代對黨外運動參與者及黨外雜誌所做的最眞誠及最深入的自我檢討。

台灣警備總司令部 75.01.09.（75）劍佳字第 0052 號函
主旨：《黨外文選 1984》一書依法查禁，請照辦！
說明：
一、該書部分文字，核已違反〈台灣地區戒嚴時期出版物管制辦法〉第三條第五款「違背反共國策」、第六款「淆亂視聽足以影響民心士氣」、第七款「挑撥政府與人民情感」之規定，依同法第八條扣押其出版物。
二、依〈戒嚴法〉第十一條第一款及前開之規定，爲扣押該出版物，對於建築物、船舶及認爲情形可疑之住宅，得施行檢查。
三、請轉知所屬協調有關單位，依法檢扣報繳。

總司令　陸軍二級上將　陳守山

本書依序介紹「報導獎得獎作品」：〈回家是要坐牢的！〉及〈走出二二八陰影〉等六篇佳作。「評論獎得獎作品」：〈黨外運動的雞兔難題〉及〈試論「康寧祥路線」〉等四篇佳作。「政治笑話得獎作品」：〈洗手間內的反對黨〉及〈同鄉才是人才〉等四篇佳作。「政治漫畫得獎作品」：〈共識〉及〈公政會大軍壓境〉等四篇佳作。「直把日月變蒼天的人」收有邱義仁口述、鄭麗娟整理的〈如果你對國民黨不再期待，請加入我們！〉與〈由民主建立組織，以組織推展運動——邱義仁競選編聯會長的宣言〉兩篇。

「站在歷史前說話」則收錄陳儀於 1947 年 3 月 20 日發布的〈為實施清鄉告民眾書〉，以及 1985 年黨外重要活動與抗議，分別是：林義雄先生為冤死的母親及雙胞胎女兒發喪、抗議及控訴國民黨濫捕吳振明、我們對「施明德、黃華」獄中絕食事件聲明、向綠島的政治犯致敬、5 月 7 日及 7 月 18 日向蔣家政權的查扣黨外雜誌與查禁書刊使用街頭行動提出請願抗議、舉辦陳菊生日晚會感謝她對黨外的貢獻、協助黨外前輩郭雨新移靈回台安葬及感謝他的貢獻，最後以〈穿越風暴 1985——一九八五年編聯會大事記〉作為結束。

黨外時期（1975～1986）所選編的《黨外文選》只有兩冊，第一本是姚嘉文、陳菊編《黨外文選》，詳實記錄了黨外人士在 1977 至 78 年的活動紀錄（參見拙著《台灣禁書的故事》）本書是第二冊，為我們留下了 1984 至 85 年的紀錄。想當年，許多有志男女青年基於追求民主、自由、公理、正義等理由，奮不顧身地投入這個「提頭來見」與報酬不成比例的工作，這是需要多麼大的勇氣！請讀者們容許我的私心，允許我向本書的文字編輯鄭麗娟致上最高敬意：解嚴後，她陪先生蔡桑遠赴東京大學就讀博士班，過著清貧的留學生活，我和楊碧川兄年年赴日叨擾，她和蔡桑容許我們的放肆並熱情招待，甚爲溫馨，長存我心。

姚嘉文、陳菊編輯的首本《黨外文選》，1979 年 5 月初版，旋遭警備總部查禁。

蔡桑經過多年努力取得博士學位後，孰料她卻因癌症病逝，實在令人傷心與不捨，我在此要特別謝謝麗娟和蔡桑！

編者簡介

發行人：吳乃仁

主編：陳文茜

文字編輯：戴雅各、鄭麗娟

美術編輯：蔡振輝

代理發行：自由時代系列週刊

8.《我的轉捩點》

陳庭茂著　陳文成博士文教基金會編　無出版日期

最近這幾年來，一位七十多歲的長者，走遍美麗寶島每一個角落，到處述說一樁千古奇案，這位長者，就是陳庭茂先生。他竟然還要僕僕風塵，爲他愛子的冤死討回公道。儘管這些努力在某些人看來，是永遠沒有結果的事情，然而，他還是那麼篤定地相信，總有水落石出的一天。

這本書的價値，更爲我們立下典範，就是這位長者，爲了歷史的眞相，所做的堅忍奮鬥。他遠渡重洋所做的種種努力，透過這本書，爲我們的歷史留下見證。

陳文成博士在他燦爛年華，爲數理統計留下豐碩的成果，更難得的是，在他臨

《我的轉捩點》，陳庭茂發行，1986年1月15日遭警備總部查禁。

死的前一刻，他比誰都瞭解這是生死的抉擇，也竟然走這條路！他已爲台灣人民，留下永不屈服的榜樣。

沒有陳老先生這幾年的奔波，陳文成博士的一些往事，眼看就要被沖淡了，沒有這本書，他們父子的一切，更難以再度呈現在眾人眼前。

我們珍惜這本書，更懷念這兩位偉大的人。

尤清，本書〈序〉

《解嚴之前的禁書》於 2020 年 10 月由前衛出版社發行後，個人除了忙著新書發表會及接受媒體採訪外，開始閱讀《查禁目錄》及相關資料又成爲生活的重心，找到陳庭茂先

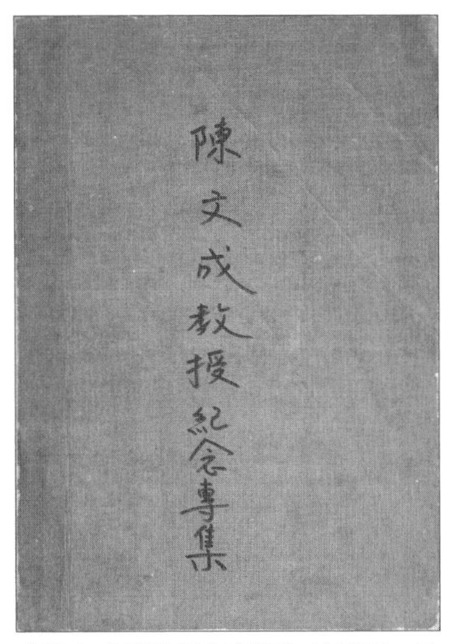

《陳文成教授紀念專集》美國版，於 1982 年 7 月初版，與台灣版同日遭警總查禁。

《陳文成博士紀念集》台灣版，深耕雜誌編輯，1982 年 7 月初版，警總於同年 10 月 3 日查禁。

生《我的轉捩點》也是查禁書籍。在閱讀過程中，心情盪到谷底。蔣家政權使用「國家暴力」可以如此囂張、殘酷、毫無理性地對待善良的台灣人民。陳文成在 1981 年 7 月 2 日冤死後，與他相關的書籍與雜誌都遭查禁；筆者在拙著《美麗島後的禁書》內提及的《陳文成博士紀念專集》（台灣版）與《陳文成教授紀念集》（美國版）都遭查禁，到底台灣還存有公理及正義嗎？

2021 年又是陳文成逝世 40 週年，凶手仍然未明？台灣人民心裡卻很清楚——凶手就是那個全國最大的暴力集團。在明明知道會讓自己身心均不舒服的情況下，卻有個聲音告知：再苦都要留下一個紀錄，來使台灣人民早日省悟。

所以，Do it！

台灣警備總司令部 75.01.15.（75）劍佳字第 0076 號函
主旨：陳庭茂著《我的轉捩點》一書依法查禁，請照辦！
說明：
一、該書部分文稿，核已違反〈台灣地區戒嚴時期出版物管制辦法〉第三條第三款「爲共匪宣傳」、第六款「淆亂視聽足以影響民心士氣」之規定，依同辦法第八條扣押其出版物。
二、依〈戒嚴法〉第十一條第一款、第八款及前開之規定，爲扣押該出版物，對於建築物、船舶及認爲情形可疑之住宅，得施行檢查。
三、請轉知所屬協調有關單位，依法檢扣報繳。
總司令　陸軍二級上將　陳守山

《我的轉捩點》分爲八部十九篇文章，重點摘要如下：

「第一部　我這樣過了大半生」〈**太陽旗到青天白日旗下的順民——一個台灣望族後代的沉思與反省**〉一文中，陳庭茂老先生自述：

在我生長及經歷的年代，台灣社會、政治不知有過多少曲折、血腥，然而那些似乎都與我無關；我很安份、也很愚昧地做著「順民」，不管政治是什麼，也不問社會許多不合理情形的前因後果；我那麼安於「愚昧」的生活，不爭取什麼，也不反抗什麼。

直到我七十歲那年，我的兒子陳文成，在警總約談之後，竟「不明究裡」地陳屍於台大校園，我才開始醒悟，我這七十年的日子，過得多麼無知和自欺，而這七十年來，台灣又經歷了多少血淚和苦難？台灣人是怎麼生活在這樣的政治環境及社會中？

現在我提起筆來，追述我無知的七十年生命，一方面帶著悔悟的心情，一方面記錄我前半生的一些所見所聞。

「第二部　阿成——我的兒子」〈**隕落的星星**〉一文，敘述陳文成博士三十一年短暫生命所釋放出的光芒，他有健壯的體格、喜好運動、頭腦聰慧。他大學成績優異，同學封他「大牌」綽號；恩師楊維哲教授說：大牌碩壯偉岸，初看以爲是「四肢發達，頭腦簡單」的人物，因接觸機會不多，似乎沒有深刻印象，直到下學期才知道這一號人物，理力成績不錯，也才知道他「大牌」綽號，覺得很幽默，而事實上也很契合，不熟的人覺得他隨便吊兒郎當；其實他是豪爽，率直，絕不扭捏作態。

赴美留學，一年後即拿到碩士學位及保險公司九級精算師資格，隨後很快取得博士學位。他的一篇學術論文〈Limit Theorems For General Size Distribution〉於 1981 年刊登在《應用機率雜誌》上，深入探討古典罈模型，柏斯－愛因斯坦罈模型及波利亞罈模型的漸進行爲及其應用，對統計學的理論進展，有相當貢獻。

他的恩師黃武雄教授慨歎道：「陳文成遽然去世，對於他的父母妻兒是晴天霹靂，頓失倚依的傷痛，對於台灣社會安定與國際聲譽，是無法彌補的損失。對於國內外數學界，則像一顆熠熠發光的星星一瞬間忽然墜逝，留下驚疑、震撼與無比沉痛的嘆惋。」

「第三部　阿成在美國」〈**人在美利堅 心向美麗島**〉一文中，紀錄他被鄉親推爲安納堡《鄉訊》主編，他全力使刊物成爲同鄉們自由交換思想、報導活動、雜感的園地，提供各種服務，努力使它成爲同鄉們精神上的最佳食糧。他深刻地探討海內外思潮、政治、經濟、社會問題，刊載反映同鄉心聲、喚起鄉土意識的文學作品，更對台灣各種腐敗現象與醜態眞貌有深入觀察。

〈**陳文成的心路歷程**〉是朋友對陳文成的追憶，他說：「1978 年底以後的安納堡，在政治方面尤其活躍。中美建交、選舉停止、余登發事件、橋仔頭示威、黨外雜誌出刊、許信良休職案等等，島內民主運動席捲整個海外台灣人的政治運動。統一運動破產、社會主義被人忘掉，島內草根力量抬頭。在這島內外政治形勢變化極大的一年裡，陳文成在匹茲堡是苦悶的，一方面他剛到一個新地方，另一方面初任教職，學校方面足夠他忙的。可是，一向關心台灣政治的他，是無法專心於個人事業的追求的，這可以從他時常打電話來安納堡，找朋友談有關安納堡活動及台灣的情況得到證明。

陳文成再嚴重也不過是書生而已，何以非致他於死地不可！每想到此，實在令人心酸，於心未甘。這種現象，難道要等到下一代再來改變？陳文成的心是熱的，『台灣人的政治運動，絕對不能離開台灣的工農勞苦大眾的立場……』陳文成是一個勇敢的台灣人。」

〈殉鄉──念一位魂歸鄉土的好友〉的作者葉常青說「縱觀他在美國前後六年的所作所爲：當鄉土小說在島內興起時，陳文成感受到那台灣民族的活力和希望，很自然的，爲了捍衛民族文學而獻出他的一份心力；當《美麗島》月刊發行時，陳文成更看到了台灣民主運動力量的日益高漲，於是積極地發動海外各地成立民主基金會去支援島內的民主運動；高雄事件發生以後，島內民主運動一時受挫，陳文成痛心之餘，更深刻地瞭解到民族壓迫是台灣社會一切不平等現象──包括政治上的不民主──的總根源，於是，他成爲台灣民族主義最強烈的一位鼓吹者。

「第四部　陳文成事件的回憶」〈**最後一線希望——美國法醫、教授來台重驗屍體**〉說明由陳文成任教的卡內基美侖大學校長賽亞特資助，密西根大學統計系主任狄格魯及退休法醫魏契來台檢驗陳文成的屍體。

筆者在尋找資料時，找到魏契法醫在 1981 年 9 月 23 日離台記者會詢答紀錄，提供給讀者參考。

記者：你同意政府說陳文成是自殺的嗎？

魏契：我對陳文成的遺體做過解剖，對他的墜落現場進行檢視（inspection），兩者都提供了使我認爲與自殺不符的證據。第一、他的遺體被發現時，是仰躺在溝子上的，背部朝下；第二、他的所有的傷只侷限在他的肋骨、胸骨和脊髓柱。以實際情況而言，陳文成不可能爬上護欄，跳落自殺，而在離建築物那麼近的地方以背部著地；並不是說跳樓的人會盡量跳得遠一些，而是他會跳離建築物（clear the building）。已有證據陳文成的屍體曾撞到二樓的平台，一個人不可能跳高起來又跳出去（jump up and out），然後身體再回到靠近建築物的地方，不合邏輯嘛。

假使是自殺，我懷疑應該有其他頭部、頸部、臉部或手部傷。假使是自殺，我想陳文成的遺體會墜落在離建築物較遠的地方，不是在水泥地上，而是在草地上，他會嚴重受傷，但不會是致命傷。陳文成身上的傷，與他被某種方式導致無法自主（incapacitated in some fashion）再抱起來，越過護欄，這樣直直地丟下，是符合的。

而且，此行中所有和我們談過話的人，都不認爲陳文成會自殺。每一個人，甚至包括警總官員，都告訴我們陳文成心情很好，沒有沮喪或自殺的跡象。

記者：有任何陳文成被打昏或下毒等等以致昏迷的證據嗎？

魏契：我沒有找到證明這點的頭部或頸部傷。官方的毒物報告沒有提到任何藥物。可是，他們不准我對屍體組織採樣，以針對這個疑問進行我自己的檢驗。

但我也說，對於方中民博士所做的官方解剖報告，我沒什麼意見，他做了合格且周全的檢查。

記者：有陳文成和別人肢體衝突的證據嗎？

魏契：沒有，雖然我確曾尋找這方面的證據，可是陳文成手指甲裡沒有東西，譬如抓傷攻擊者的皮屑，而他的手部、指甲或手臂，也沒有打架過的瘀傷。沒有因抵抗受傷或與人搏鬥的、肉眼可見的證據。

記者：那麼刑求的跡象呢？

魏契：我沒有找到他被刑求的證據。我找不到除了墜落導致的傷以外的傷，然而我這麼說吧：擊打人的頭顱底部，會使他瞬間失去知覺而不留傷痕，這不需要是最高段的空手道專家才做得到，更不需要很知道什麼軍事藝能，而攻擊者也可以用哥羅芳麻醉劑使他動彈不得。

記者：陳文成博士是活著墜落在水泥地上的嗎？

魏契：是的，因爲他裂傷和骨折周圍延展出來的瘀血，顯示他在被從樓上丟下來的時候，心臟血管系統仍在運行。

然而大家也必須知道，死亡不是在瞬秒間發生的，死亡是個延續數秒鐘，甚至數分鐘的過程，要看是怎麼樣的情況或壓力導致死亡。從陳文成博士身上骨折所延展出來的瘀血，告訴我他落地時是活著的，而且墜到水泥步道後，還活了半個鐘頭或更長的時間。

記者：有沒有可能陳文成是死於意外？是失足墜落的？

魏契 ：對這點我想過很多，但是再怎麼想，也想不出什麼情節會有道理發生這場「意外」，這違背任何理性的、邏輯的、知性的分析。首先，你要問他爲何三更半夜去坐在消防梯的頂層，他是坐在護欄邊沿失去平衡的嗎？檢查過犯罪現場以及陳文成身上的傷，當可排除這種可能性。政府方面說他身上未發現藥物，僅有微量酒精，所以我們知道他未受任何藥物影響而導致他失足下墜。最後，他受傷的類型，絕對排除他是意外墜樓，如果他是突然摔下來，他的自然反應會是伸出他的雙臂、雙手或雙腿來抗防著地的撞擊，也就是說他的四肢會受傷，但是沒有，因此不可能是意外墜落的。

記者：你相信他是死於政治暗殺（a political assassination）嗎？

魏契：最可能是謀殺。當一個人被別人殺死，就叫做「他殺」（a homicide）。在美國以及我們的語言裡，「暗殺」是用來表示非常邪惡的——有計畫的執行。「暗殺」通常用於指政府或組織性犯罪之下所安排的謀殺（a murder），如果陳文成博士確實是因爲他的政治理念而遭到謀殺，當然可以叫做政治暗殺。狄格魯和我登機回家之前，我們再接受一個提問。

記者：如果陳文成是被謀殺的，你認爲誰該負責？

魏契：這個問題很有意思，但我並沒有足夠的資訊或知識來明確回答這個問題。可以說，他的朋友、家人或政治上的同志，是比較不可能殺他的；反過來講，就是反對陳文成博士政治傾向的人比較有可能殺他，但我無法正確地指出是什麼人或哪一些人。這要留給適合的司法單位或政府機構去定奪。

警備總部發言人徐梅鄰少將在案發時宣布，陳文成是「畏罪自殺」的說法，已經被驗屍專家搧了一記耳光。

「第五部　陳案震驚美洲大陸」〈**未亡人的血淚控訴——陳素貞在國會指證：校園間諜無所不在**〉描述美國眾議院亞太小組及人權小組，繼 1981 年 7 月 30 日第一次聽證會後，再於 10 月 16 日召開第二次聽證會，這次重點專注國民黨在美國校園從事密探（抓耙仔）活動的情形。

陳文成遺孀素貞應邀出庭作證，她準備 39 張陳博士屍體彩色照片及書面說明，勇敢而堅毅做出以下的證詞：

有關台灣國民黨當局的特務在美活動的情形，我很感謝有此機會向貴小組作證。我的證詞將敘述我丈夫的死亡。我相信，他是國民黨在美活動的一名受害者。

「彩虹情報」愈抹愈黑

1981 年 7 月 2 日，我的丈夫遭到「台灣警備總部」的審問達 12 小時餘。第二天早晨，他的遺體被人發現於「國立台灣大學」的校園裡。有關我丈夫死亡的種種情況，已在 9 月 11 日，於匹茲堡卡內基美侖大學的記者招待會公開。你們允許的話，我願意附上一份我在記者招待會所做的聲明，做爲這證詞的一部分。正如國民黨的官方報紙《中央日報》，在 1981 年 7 月 5 日的報導，「警總」認爲，我丈夫的約談，乃是因國民黨在美的「彩虹情報」所搜集的小報告而促成的。

「警總」也宣稱，他們擁有我丈夫對 1979 年高雄事件所講評的錄音帶，他寫給《美麗島》施明德的信件（《美麗島》是一份被禁的合法反對派刊物），以及隨信所附的五張合計五千美元的支票。狄格魯教授（Morris Degroot）在最近訪台時，要求「警總」重閱這些情報證據：但是，他的請求遭到拒絕，理由是：他們從未收到任何這類的小報告。

不過，7 月 5 日《中央日報》確曾報導有關我丈夫在美的活動，「警總」擁有一大堆特務從美國打來的小報告。在這種種的消息中，國民黨官方報紙的這些報導，確實承認了國民黨在美間諜網的存在。

校園間諜無所不在

容我說明國民黨特務在美監視活動的另一個證據。6

月 30 日，我的丈夫從「警總」的第一次約談回家，他告訴我，他們詢問他一位年輕女士在匹茲堡訪問我家的事，她是一位朋友的朋友，而且我們只在一個場合見過面。「警總」提及她的名字時，我丈夫甚至想不起來她是誰，而他們卻知道她來訪問我們的家。如果沒有特務的小報告，他們如何能夠知道？

國民黨特務在這個國家是無所不在的：正如 7 月 30 日有幾位見證者向貴小組作證，許多台灣人在校園和其他地方，遭到國民黨特務的恐嚇。但是，爲什麼人們都不敢將這種恐嚇向聯邦調查局報告？他們害怕國民黨特務向他們和台灣的親屬報復。

三週前，我丈夫生前的同事狄格魯教授與法醫魏契獲准赴台，再度檢驗我丈夫死亡的情形。9 月 24 日他們回來，在記者招待會上，再度肯定我原來的判斷與看法，他是被謀殺的。

可疑外傷無法解釋

我相信，我丈夫在死前遭到嚴酷的刑求。太多太多的外傷，不能以墜樓來解釋。在台灣官方的驗屍報告裡，這些傷口都只是草率提及，而完全不解釋是如何造成的；或者完全連提也不提。我曾向數位我的醫生朋友，就 7 月 5 日那週的第一次驗屍所拍攝我丈夫遺體的 39 張相片，徵求他們的意見。你們允許的話，我願意隨這個證詞附上這些相片，並附上我把醫生們的意見所做成的摘要。容我簡單説明他們的意見，我認為，這些對我丈夫是否受到刑求頗具意義。

根據醫生們的意見，右肩胛和頸部數處傷痕，在他死前即已存在數小時了。如果不是來自刑求，這些是如何造成的？在他右肘上有一撮針孔，極像以尖銳的東西重複刺戳而成的，背部三條平行深凹的傷口，強烈暗示是鞭傷。

台灣當局的驗屍報告宣稱，我丈夫是由於內出血導致震盪而死。但是，是什麼造成內出血？官方報告一句也沒解釋。

我接到貴小組的邀請，對台灣國民黨在美非法活動作證時，我實難以接受這項邀請。我最關心的是，會不會我在這裡作證，而遭到國民黨在美特務的恐嚇；我在台灣的父母和親戚，是否會遭到國民黨特務的威脅；將來我回台灣探親時，會不會危及我的安全。

武器銷售附帶但書

作為國民黨特務的犧牲者，我丈夫的悲劇死亡，使我考慮到如何阻遏他們在美的非法活動。就這件事而言，我完全同意傑克・安德森（Jack Anderson）的專欄所建議的，其題目是〈國務院開始調查台灣的間諜〉（81 年 9 月 30 日《華盛頓郵報》）；尤其是，我認為重要的是，削減台灣政府人員獲准來美的名額。美國政府應立即限制「北美事務協調會」的工作人員。而且，我認為同樣重要的，便是銷售武器給台灣應附加條件於批准書上，亦即台灣當局應立即停止在美的間諜活動。建立一條熱線給聯邦調查局，報告有關國民黨特務監視活動的傳言，以及「北美事務協調會」工作人員，以核准的假外交官身分做非法的監視。

而且，鼓勵全國各大校園，台灣學生眾多的地方，為同樣的目的建立起熱線。

最後，我願藉此機會，向主席先生和貴小組為我丈夫之死主持正義而深致謝意。就此結束我的證詞。

〈**記一位患難相助遠洋友人——陳文成的校長賽亞特博士**〉描述在陳文成事件發生後，賽亞特發揮其影響力，領導美國學術界為陳文成伸冤，使得美國輿論界掀起聲討高潮，引起美國政府及國會正視這件殺害知識份子事件。

他資助狄格魯、魏契來台驗屍的費用、致函蔣經國表示陳文成係遭謀殺，要求破案、在經濟上資助陳的遺孀及幼子、請蔣經國注意「職業學生」的行為等。

「第六部　我的轉捩點」說明陳庭茂由於陳文成之死而成為「拒絕國民黨」的老子，投身黨外，為黨外人士助選的經過。

「第七部　陳庭茂美洲萬里行」敘述 1981 年 7 月 3 日陳文成事件發生後，陳老先生出國也成為敏感問題。因此，陳老爹直到 1984 年才得以出國。他在 5 月 13 日赴美，到 9 月 28 日返台，走訪美國十六州，演講六十場，出發之前訂下三項工作目標：

一、控訴國民黨謀殺我兒陳文成的暴行，並呼籲早日破案，交出凶手。

二、爲「陳文成紀念圖書館」籌募建館基金。

三、要求陳文成案的證人鄧維祥出面與我對質。

以上三項工作只完成前二項，第三項工作因爲鄧維祥不出面而無法完成。

「第八部　一個新階段的開始」是陳老爹表示：「我要走完阿成未竟之路，繼續追求自由、民主及人權，並要國民黨廢除戒嚴令，我不希望再有第二個陳文成出現，導致離妻棄子留下白髮雙親的悲劇，我絕不讓這種事情再度發生。」此信念已成陳老爹生活中的一部分，他將用餘生爲此信念繼續努力打拚！

作者簡介

陳庭茂（1911～1990），出生於板橋海山郡中和庄之木匠世家。陳文成博士的父親。愛子的冤死，是他一生的轉捩點。他以七十高齡投身黨外運動，向推動台灣民主化道路前進。從 1981 年到 1988 年臥病前，他走遍全國各地，積極參與民主運動，一面籌措「陳文成博士文教基金會」基金，一面為黨外人士助選，大家都尊稱他「陳老爹」，是位可敬的老爸。他 1981 年為陳水扁等助選；1983 年巡迴全國幫黨外人士助選；1984 年 5 月，訪問美國台灣人社團和美國關懷人士，行程 138 天。1985 年第二次巡迴全國助選。1990 年病逝，享年 79 歲。

9.《二二八眞相》

無出版社及編者　無出版日期（約 1985 年底）

「哈哈哈，就是嘛，都是你自己虛榮的男性沙文主義在作祟。」孫志威（王曉波）哈哈大笑地說，「我爲了照顧你的虛榮心才建議你去給黨外雜誌寫稿，既然你不願意，那我就再提個建議，你乾脆去編選舉書，說不定還會暢銷哩。例如和二二八有關的書，在日本的老戴（戴國煇）長期蒐集研究二二八的資料，有一些已經在葉芸芸主編的《台灣與世界》雜誌上發表過了。這種雜誌台灣不准進口，我們就拿它的二二八資料來編輯出書，說不定……」

「好！阿威這個建議很不錯，比給黨外雜誌寫稿好。」蔡惠德（陳映眞）也笑著附和。

那一天就那樣談出那個結論。林正堂（王拓）眞的就花了大約三個月時間，在孫志威和蔡惠德的協助下，編了三本書，其中一本就是後來在市面上流傳頗廣的那本《二二八眞相》。

王拓，《呼喚》，第一章第 40 頁

（括弧內之名字爲筆者所加之眞名）

王拓因爲「美麗島事件」遭關押，於 1984 年 9 月出獄，但仍處在蔣家政權戒嚴時期的監控名單之內，謀職也會受到一些干擾，因而在王曉波及陳映眞等人的幫助下，編輯出版《二二八眞相》等三本書。

《二二八真相》，王拓編輯，1985 年 12 月初版，1986 年 1 月 6 日即遭警總查禁。

〈走出歷史的陰影──《二二八事件真相》編序〉裡，敘述：「二二八事件」是國民黨統治台灣三十幾年的「禁忌」，甚至他們（國民黨）愚蠢到以爲警總的查禁政策就可以把「二二八事件」從歷史上抹去，這種「國王穿新衣」的愚昧，是解決不了「二二八事件」對台胞的創傷的。

不可否認，台獨運動的癥結起自「二二八事件」。陳儀後來雖因「通匪」而遭處決，但國民黨一直諱言「二二八事件」，也就是包庇陳儀對「二二八事件」應負的政治責任。要台胞走出歷史的陰影，揚棄同胞仇恨相殘的民族悲劇，「解鈴還在繫鈴人」，國民黨如果不還給「二二八事件」一個公道，只有逼使台胞自求歷史的公道。

台灣警備總司令部 75.01.15.（75）劍佳字第 0222 號函

主旨：非法出版之《二二八眞相》一書依法查禁，請照辦！

說明：

一、該書部分文稿，核已違反〈台灣地區戒嚴時期出版物管制辦法〉第三條第六款「淆亂視聽足以影響民心士氣」、第七款「挑撥政府與人民情感」之規定，依同法第八條扣押其出版物。

二、依〈戒嚴法〉第十一條第一款、第八款及前開之規定，爲扣押該出版物，對於建築物、船舶及認爲情形可疑之住宅，得施行檢查。

三、請轉知所屬協調有關單位，依法檢扣報繳。

總司令　陸軍二級上將　陳守山

《二二八眞相》一書，內頁是二頁銅版紙，第一頁照片是：一、光復時，台中火車站的歡迎門。二、二二八事件國府軍隊車輛遭民眾翻倒。三、民眾把專賣局台北分局器具與存貨抛置道路上焚燒。第二頁是林茂生、謝雪紅、王添灯、蘇新四人肖相照。

本書第一章〈光復後的台灣政治情況〉，只收錄福建「閩台通訊社」在事件發生前一年（1946）三月出版的《**台灣政治現況報告書**》，早已提出警告：「台胞起初聞傳倭寇投降台灣光復的時候，個個都感激流涕，及國軍進駐則歡呼若狂，最近由懷疑而失望，現在似已進入反抗階段。」《台灣政治現況報告書》中也不忘呼籲「中央應該派調查團去調查，不應該讓官僚來激成民變。」如此預言不幸而言中，一年後的台灣即爆發「二二八事件」。

第二章〈二二八事變資料的訪求與整理〉，內容轉載自梅村仁（戴國煇）編輯整理上海發行的《新聞天地》月刊第22～24期（1947年3～5月）、《世紀評論》、《正氣月刊》、《論語半月刊》等刊物及個人回憶錄裡的十二篇短文，作者由自己的視野來分析事變原因很有參考價值。

第三章〈統治者與被統治者的歷史辯證〉裡，編者深感中國的「勝者爲王，敗者爲寇」原則，歷史一直屬於統治者的專利，但是基於「公道自在人心」，是非公理自有其一定之客觀標準，並非統治者可以任意予取予求的，因爲被顛倒了的歷史，終會被顛倒過來。所以選自官方「掃蕩週報社」的《二二八事變始末記》（1947年3月出版）與民間廖文毅的《前鋒》月刊第16期（台灣二二八慘案專號，1947年4月20日發行），將立場見解互異的文章並陳獻給讀者，不只有益於大家對眞相的瞭解，同時對思考未來前途也有幫助。

第四章〈回憶一場歷史的噩夢〉蒐集1982年年初在美國《加州論壇報》由王康撰寫〈**二二八事變親歷記**〉及蒲人的〈**一場噩夢的回想**〉及香港《中國人月刊》1980年10月號潘志俊的〈**回憶台灣光復與二二八事件的一段歷程**〉，加上台灣耆老黃朝琴、丘念台、楊肇嘉、韓石泉、吳濁流、鍾理和、楊逵等人的回憶錄、作品所組成。

第五章〈歷史傷痕的癒治〉的編按表明：日治時代台人爲反抗異族統治慘遭鎮壓；然終日本五十年統治，台人反抗不斷，才迎來光復；然才回歸年餘，竟發生「二二八事變」，遂令台人不死於異族之手，而亡於祖國政府之手，歷史是如此嘲諷台人。未經治療的傷痕是平復不了的，受不了歷史反諷的台人因而走上台獨之路。有識之士提出他們的呼籲。

1981年10月10日，由李亦園等十五位教授在《中國論壇》發表〈**以更高的民主解開「台獨」的問題糾結**〉一文，要求政府以民族的哀矜之心，努力尋求台獨問題的解決。立委吳梓、江鵬堅都在立法院就「二二八事件」向行政院長俞國華提出質詢等。

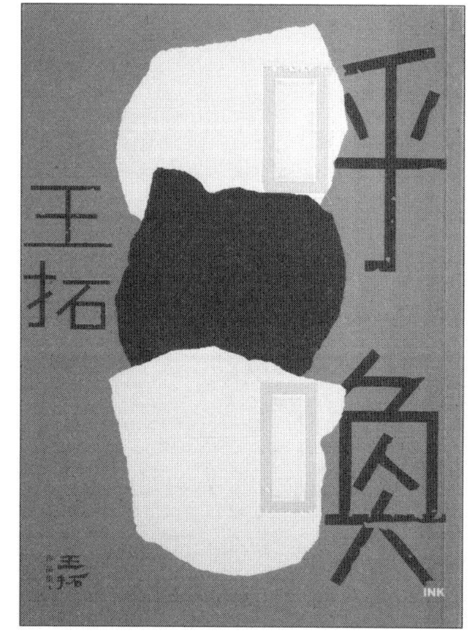

《呼喚》一書是王拓的長篇小說遺作，在他逝世後的2019年12月由印刻初版。

作者簡介

王拓（1944～2016），本名王紘久，基隆八斗子人。政大文學碩士，美國愛荷華大學國際寫作計畫作家。曾任教師、國大代表與立法委員。參與1977年「鄉土文學論戰」、創辦《春風雜誌》、參與《美麗島雜誌》而爆發「美麗島事件」入獄六年。出獄後，曾任《人間雜誌》社社長、夏潮聯誼會創會會長、籌組「工黨」、創立春風文教基金、擔任民進黨秘書長。2016年8月9日因病逝世。

作品有短篇小說《金水嬸》、《望君早歸》；長篇小說《牛肚港的故事》、《台北‧台北》、《阿宏的童年》、《吶喊》、《呼喚》；評論集《張愛玲與宋江》、《街巷鼓聲》、《民眾的眼睛》、《黨外的聲音》；兒童故事集《咕咕精與小老頭》、《小豆子歷險記》等。

10.《二月杜鵑紅——林宅血案六週年紀念集》

曾心儀主編兼發行　1986 年 2 月初版

八年前，我以一個小說創作、文學工作者的身分開始接觸到黨外，繼而積極介入黨外活動。我無法避免地，用文學的眼光來看政治圈的形形色色。八年的經歷與見聞，眞是刻骨銘心。市議員選舉完後，我思考著在工作上要有所突破。我難忘那一雙雙眼光，渴望知道更多關於林義雄的故事。我難忘登上政見台前，心中向亭均、亮均求助。也難忘我曾在政見台上說出當時的感覺：

《二月杜鵑紅》一書，由曾心儀編輯發行，1986 年 1 月初版，隨遭警總查禁。

「我站在這裡，仰頭看黑暗的天空，天空裡有幾顆閃亮的星星，我覺得和林義

雄在天上的雙胞胎女兒很接近。有一位旅居美國的台灣人教授，他在林宅血案發生後寫了一首詩說，天上的星星好像是林義雄雙胞胎女兒的眼神……」（按：陳芳明〈給亭均、亮均〉）

那時，我把詩口語化。現在我把詩、把許多作品結集呈現在心與心繫著林義雄一家人的讀者面前。林宅血案六週年到臨之際，編彙此書，不過是將心中無窮哀思略表萬一而已。

曾心儀，本書〈編後語〉，1985.12.26

林宅血案從 1980 年 2 月 28 日發生迄今，已經 41 年。林義雄先生的母親與雙胞胎女兒亭均、亮均的死亡，加上大女兒奐均重傷，當時執政的國民黨政權至今仍抓不到凶手，和翌年（1981 年 7 月 2 日）陳文成博士案同樣仍然無法破案。但是，警備總部的武夫，在有關案件的書刊出版時，卻能隨即發出查禁命令。這眞是諷刺啊！

台灣警備總司令部 75.01.21.（75）劍佳字第 0273 號函
主旨：大特寫叢書①《二月杜鵑紅》一書依法查禁，請照辦！
說明：
一、該書部分文字，核已違反〈台灣地區戒嚴時期出版物管制辦法〉第三條第六款「淆亂視聽足以影響民心士氣」、第七款「挑撥政府與人民情感」之規定，依同辦法第八條扣押其出版物。

二、依〈戒嚴法〉第十一條第一款、第八款及前開之規定，爲扣押該出版物，對於建築物、船舶及認爲情形可疑之住宅，得施行檢查。

三、請轉知所屬協調有關單位，依法檢扣報繳。

總司令　陸軍二級上將　陳守山

《二月杜鵑紅》是本16開雜誌型叢書，內文80頁，編者將之分爲「史料」、「散文及報導」、「詩」及「小說」等種類，分別重點摘要如下：

「史料」的首篇文章〈**可愛的選民**〉，由林義雄的《從蘭陽到霧峰》（詳見拙著《美麗島後的禁書》內之查禁介紹）摘出，他回憶起擔任省議員十個月以來，由於他的公正不阿和選民之間接觸的趣事與尷尬的場景，逐漸體會到自身時間與體力的局限，而專心服務跟省政府有關議題，專職的服務選民的需求。

〈**最長的一日——記林義雄先生家門慘變**〉是林南窗（林世煜）發表在《亞洲人》月刊（1980年3月號）上，他應該是忍著淚水、懷著極度憤怒的心情，嘗試用比較平靜的心思，努力去拼湊出案發現場眞實發生的情況。如同本文開始的序言：

「這漫長的惡夢，仍然盤踞在每個人的心頭，我們還是悲痛，我們還要承受許多苦難⋯⋯」

特別要感謝田秋堇、康文雄、林濁水、司馬文武、田爸爸、田媽媽等人的救援，你們不只救回奐均的生命，你們還挽回台灣人對這塊土地的信心。

〈**仁愛醫院救治林奐均經過**〉是柯賢忠院長發表在《台北市醫師公會會刊》1980年第24卷第4期的文章，感謝醫護人員的全力搶救，才使奐均奇蹟式地存活。

高李麗珍的〈**命案當天**〉及田孟淑（田媽媽）口述與秋堇修正的〈**第一手見證**〉兩文，是1982年的兩週年回憶，留存在鄭兒玉牧師主編的《行過死蔭的幽谷》一書內。

杜歌的〈**在流血之地建立福音的殿堂**〉一文，敘述在林宅血案兩週年紀念日，長老教會鄭兒玉牧師帶領林家親屬在林宅血案現場舉辦追思禮拜，當時苦主林義雄在牢裡，妻子方素敏在美國照顧奐均；整個家庭生活陷入窘境，只能設法將「凶宅」賣出，長老教會想幫忙解決這個難題，遂徵得林家同意，開始募款購屋，籌備成立「義光教會」，於1982年4月11日耶穌復活節當天正式獻堂。因為：「我們可以赦免，但不能忘懷」。

〈**方素敏美國記者會**〉是美國西部時間1983年10月18日下午五時，她在加州洛杉磯的一家飯店舉行記者招待會，發表〈競選立委聲明〉，並接受記者訪問的內容。

〈**方素敏踏上機場的一幕**〉報導了她在10月25日返抵機場，受到黨外公職人員及熱情群眾的歡迎；她離開機場後，直奔殯儀館，向猶未入土的婆婆和雙胞胎女兒上香祭拜，見到祖孫三人生前照片及棺木，她哭倒在棺木前。隨後來到她以前的幸福的「家」——義光教會。經歷大災大難，使她成爲當代台灣最偉大、最不平凡的女性。她斷然結束自我放逐，由美返台，站在凶宅原址，面向苦難的台灣歷史；她用平淡的語氣，表示返國參與民主和人權運動的堅定決心。1983 年台灣「光復節」，方素敏回到故鄉，要和所有苦難的鄉親一起打拚！

在「散文及報導」輯中，〈**愛與死——給我的小朋友奐均**〉，田秋堇（林義雄助理）告訴奐均（及閱讀本文的讀者）在血案發生之後，林義雄夫婦如何共同度過這段痛心、驚惶、苦澀、茫然的時光。

〈**漂亮．乖——給我們的女兒亮均、亭均**〉與〈**母親與我**〉兩文，是在三人被殺後，國民黨釋放林義雄，在親友口中知悉母親與雙胞胎去世的消息後，在驚恐、悲痛過後，所寫下對他們三人的回憶與思念。

方素敏的〈**我的丈夫——林義雄**〉文中，這一段最能表現出他剛正不阿的精神：

林義雄當選省議員後，堅拒選民送禮。他說：「會收小的，就會收大的。我沒花自己一毛錢，宜蘭選民卻給我最高票，他們把心交給我，我也要把心交給他們，所以不接受任何有形物質的感謝。再說，如果我因爲拒絕不了別人的好意而收禮，以後如果貧困一點的鄉親知道了，就會以爲他們無法送禮而不好意思來拜託我了。」

1981年2月2日，《自立晚報》刊登方素敏〈**給亡女——一封無法投遞的信**〉一文，編者在文前編按說：

本文作者方素敏，係前省議員林義雄的太太，去年二月二十八日，林家發生不幸慘劇，方女士一對可愛的女兒林亮均、林亭均，和林義雄的母親，同遭殺害。

今天，是林家兩女的生日，方素敏女士親筆撰寫了這篇文章，於元月二十九日親自送來本社，要求於今天見報，並要求未經其同意，勿刪改內文。

本刊依其要求，特於今日刊出全文，並尊重其意願，未做任何刪改。

身爲人母，在雙胞胎女兒七歲生日（冥誕）時，發表對雙胞胎女兒生前的追憶及思念，這是何等讓人痛心，對方女士及家人而言，這是何等殘酷的行爲。而爸爸在牢中，媽媽和曾經重傷受創的奐均姊姊，在蛋糕前點上蠟燭，唱著〈生日快樂歌〉及她們最喜愛聽的〈我的邦妮〉，實在令人心中五味雜陳，悲歡喜泣俱在其中。

曾心儀在遭偵訊的恐懼壓力下與安撫遭捕者家屬之外，還於2月18日在《自立晚報》登出〈**給素敏——一封公開的信**〉，她寫道：

「當我看完妳寫的〈給亡女〉，從那樸實無華的文中看到妳的智慧、才華、高貴的性情，我眞是爲妳感到安慰——妳還沒有倒下去。這或許是妳對丈夫的愛、對孩子的愛在支撐著妳吧！從文章中，我彷彿看到，妳心中還燃點著一線希望，那一線的光明使妳能夠撐住疲乏的身體，繼續地盼望，等待。……大家都公認妳是一位賢妻良母。妳承受了這個悲劇，而妳是無辜的。逝者也是無辜的。……我們人類，既然生而不能免於痛苦，就讓我們發揮智慧，去解除痛苦。素敏，要懷有信心，人間有溫暖，讓我們手牽手走過這條痛苦、崎嶇的路。」

其餘文章有方素敏〈**這一年來**〉，是祖孫三人逝世一週年的紀念文章，作者結語頗令人動容，她說：

「我虔誠的希望著，讓我家的不幸，成爲這世界最後的不幸，讓我們能永遠擁有一個喜樂的世界，在那裡，我的奐均以及世界的任何人都能充滿信心，希望及仁愛的活下去。」

李敖的〈**別讓國民黨佔了便宜又賣乖**〉，就林義雄、高俊明牧師等四人於 8 月 15 日獲國民黨「假釋」之後，提出他個人的看法：

「第一、我們決不承認台灣的政治犯是被合法的政府所判決。

第二、我們絕不承認台灣的政治犯是罪人、是暴力犯。

第三、我們絕不承認這是什麼仁政、什麼寬大。

從以上三點的『絕不承認』，談到第四點我對林義雄的期望。我希望他不要洩氣，他應該繼續爲理想奮鬥。……林義雄付出的代價很大，當初林宅血案時就有釋放的機會，可是他不但拒絕，而且要求公開審判。這是表示他要繼續衝下去。我想林義雄休息一段時間後，應該好好思考何去何從。他的朋友如果在這時候勸他退休，乃是『細人之愛』，眞正的朋友應該鼓勵他，勉他以『君子之愛』，如果林義雄因爲連串打擊而退休縮，這才正是國民黨希望見到的啊！總歸來說，這次假釋政治犯，我們不能讓國民黨佔了便宜又賣乖，我們一定得拆穿國民黨的宣傳把戲，並嚴防黨外人士說糊塗話。」

「詩」的部分有陳嘉農（陳芳明）〈**給亮均、亭均**〉、莊金國〈**小白兔的傷痕**〉、鄭炯明〈**童話**〉、〈**蕃薯**〉、方素敏〈**盼望**〉、蘇治芬〈**挨痛的人，我們對不起您**〉、陳千武〈**逆境**〉、陳永興〈**您回來了**〉、李魁賢〈**蛾陣**〉、〈**古木**〉等詩作。謹以方素敏〈**盼望**〉的最末段，來追思那段淒苦慘澹的日子：

長久的寂寞我不怕

無情的海風我不怕

母親和女兒的眼神
母親和女兒的眼神啊
是我永遠的創傷
人家說你是好漢
我就哭了
我寧願你
只是孩子的父親

四十年來，每每讀到「人家說你是好漢……」這四行，我還是淚流不止，傷痛地很。

「小說」是編者〈**天堂的聲音——寫給林義雄律師**〉，

《阿樺》由曾心儀編輯的詹益樺紀念專書，1989 年 12 月由高雄派色文化初版。

《我愛博士》是曾心儀首度結集的小說，由遠景出版於 1977 年 9 月初版。

她用小說方式，告訴我們三位亡者給我們帶來的新希望。

多謝曾心儀的用心，爲這個淒慘的故事留下一個美好的果實。

作者簡介

曾心儀，本名曾台生，1948 年生於台南。文化大學大衆傳播系畢業。1978 年投入台灣民主運動。曾獲吳濁流文學獎、《聯合報》小說獎、美國紐澤西「關懷台灣基金會」社會服務獎等。作品有《我愛博士》、《彩鳳的心願》、《那群青春的少女》、《等》、《貓女》、《游過生命黑河》，主編有《二月杜鵑紅》、《台灣 1947》、《阿樺》、《心內那朵花——台灣民主運動的文學紀事》等。部分作品經翻譯為日文、德文發行國際。曾任教於永和、基隆、新莊、三重社區大學「文學欣賞與寫作技巧」，社團法人「台灣文化資產搶救協會」創會理事長。

11.《蔣經國系史話》

蔡省三·曹雲霞合著　大人物叢書出版社　1985年底

《蔣經國系史話》由蔡省三、曹雲霞合著於香港出版，台灣版出版後旋遭警總查禁。

外間通稱蔣（經國）氏的嫡系組織爲「太子系」，必須看到，「太子系」和國民黨的其他種種派系，都是國民黨內部的派別，從正統的組織觀念來說，它們都是非法的，因此，它就不是堂而皇之地公開結成一個團體。它的組織形式是多種多樣的，不是一個單一的、固定的、成型的組織。所謂「太子系」，不過是「蔣太子」這一嫡系勢力的概括稱號，它的實質就是以蔣經國個人爲中心，效忠蔣氏父子，作爲蔣氏父子的統治工具。凡屬奉行這一宗旨的秘密組織或公開社團，不論它名叫什麼，標榜性質如何，

它實質上都可以說是屬於「太子系」。所以，「太子系」直接或間接控制的組織是很多的。我們追溯「太子系」的歷程，將著重探索它逐步形成、層層控制的多重組織系統。

摘自 《蔣經國系史話》〈概述〉篇

蔡省三及曹雲霞這對夫妻是蔣經國「太子系」中「嫡系的嫡系」，由他們來撰述「太子系」的來龍去脈，絕對比外人之「瞎子摸象」來得清晰，1979 年《蔣經國系史話》在香港出版，即佳評如潮，期間台灣也有盜印版本出現，惟因印刷粗糙，流傳不廣，孰料 1985 年底，大人物叢書出版社正式出版，隨即遭到警備總部發函查禁。公函如下：

台灣警備總司令部 75.02.06.（75）劍佳字第 0631 號函

主旨：大人物叢書出版社出版之《蔣經國系史話》一書，內容不妥，依法查禁，請照辦！

說明：

一、該書部分文稿，核已違反〈台灣地區戒嚴時期出版物管制辦法〉第三條第四款「詆譭國家元首」、第六款「淆亂視聽足以影響民心士氣」之規定，依同辦法第八條扣押其出版物。

二、依〈戒嚴法〉第十一條第一款、第八款及前開之規定，爲扣押該出版物，對於建築物、船舶及認爲情形可疑之住宅，得施行檢查。

三、請轉知所屬協調有關單位，依法檢扣報繳。

總司令　陸軍二級上將　陳守山

蔣經國從 1925 年 10 月赴莫斯科留學，在史達林統治下生活了十三年，到 1937 年 3 月 25 日才帶著俄籍妻子蔣方良及長子孝文返回中國。蔣介石先讓他全家回溪口老家省親數月，後在江西省主席熊式輝舉薦下，出任江西省保安處少將副處長兼新兵督練處長，半年後調往贛州接任第四行政督導專員兼保安司令，後又兼任贛州縣長。

《蔣經國在莫斯科》一書，由彭哲愚、嚴農合著於香港出版，台灣版出版後即遭警總查禁。

蔣經國從江西踏上從政的第一步，就開始形成「太子派」系統。其「太子派」形成過程，大致可分為四個階段：

一、贛南時期（1937～1943 年）：起家奠基階段。

二、重慶時期（1943～1944 年）：充實骨幹階段。

三、南京時期（1945～1949 年）：爭逐敗退階段。

四、台灣統治（1949 年～）：重整獨霸階段。

贛南時期：蔣經國 30 歲擔任督察專員，以贛州為根據地，糾集一批留俄同學，想以從蘇俄學來的經驗，在贛南地區實行「社會改革」，他自己擬定「建設新贛南」五年計劃，宣布要讓農民享受起碼的「五有」（人人有飯吃、人人有衣穿、人人有屋住、人人有工做、人人有書讀），可惜這只是蔣經國的口頭政治，他除了做些有宣傳價值的救濟院、托兒所、體育院、工廠，以及辦了些報紙、雜誌、學校之外，並沒有給贛南留下任何眞正爲老百姓造福的社會改革。本書作者蔡省三及曹雲霞夫妻兩人都是「太子派」嫡系中的嫡系，他們承認蔣經國給贛南只帶來「十多」：1. 保安團和自衛隊的兵多。2. 憲兵警察多。3. 事業特別多。4. 額外公務員多。5. 特務秘密逮捕的人多。6. 印刷的法幣多。7. 對東南地區的徵稅、募捐以及其他施政的貢獻多。8.「交易公店」對生活必需品的控制多。9. 對老百姓日常生活行動規約多。10. 新奇計劃標語口號多。

1939 年 5 月，蔣經國接到重慶「國民黨中央訓練團黨政班」第三期受訓通知，隨即赴重慶受訓，正式加入國民黨（但未見「脫離共產黨」聲明），再加入三民主義青年團，並接到兩項新任命：一是三青團臨時中央幹事會通過團長蔣介石批准，增選蔣經國爲中央幹事。二是陳誠書記長命令蔣經國爲三青團江西支團臨時幹事會幹事兼籌備主任。他就如此一躍而躋身黨團中央高層領導，又兼任省級團組織一把手。這是「太子」才享有的特別待遇。「江西青幹班」學員成爲「太子派」的第一個嫡系骨幹。

重慶時期：1943 年 3 月，三青團決議成立「中央幹部學校」（中央幹校），蔣介石親自擔任校長，蔣經國爲教育長。蔣經國由贛州到重慶蒞任，把先前三青團的「中央青幹班」畢業生納爲「中央幹校」班底，在他主持的兩年間，培養「嫡系中的嫡系」，因此奠定「太子派」的基礎，跟隨來台的有：李煥、王昇、楚崧秋、包尊彭、任卓宣、謝然之、蔣廉儒、江海東、胡軌等人，都在蔣經國之下身居要職。

南京時期：1945 日本投降，國府遷都返南京，中央幹校和陳立夫的「中央政治學校」合併爲國立「政治大學」，這就是現在台北市文山區「政治大學」的前身。蔣經國於1945 年 10 月出任「外交部東北特派員」，與蘇俄交涉東北問題，努力年餘，卻毫無建樹，反受盡奚落。1948 年出任「上海地區經濟管制處」少將副督導員，準備「上海打老虎」，七十多日後，又以慘敗收場。

台灣時期：國共內戰時，國府軍隊兵敗如山倒，蔣介石於 1949 年 1 月 21 日下野，由副總統李宗仁接任，蔣介石專任國民黨總裁，卻對李宗仁事事掣肘，隱身幕後指揮。當年5 月流亡台灣。8 月 20 日，蔣介石在台北圓山成立「政治行動委員會」，蔣經國出任副主委，逐漸掌控特務組織。

蔣經國來台後擔任職務如下：

1949 年 8 月　政治行動委員會副主任委員
1950 年 3 月　蔣介石自行「復行視事」擔任總統，蔣經國擔任國防部總政治部中將主任
1950 年 8 月　國民黨中央改造委員會委員
1950 年　北投政工幹部訓練班主任
1950 年年底　總統府機要資料組組長
1952 年 10 月　國民黨第七屆中央常務委員

1952 年 10 月	青年反共救國團主任
1953 年 9 月	代表蔣介石總統訪問美國
1954 年 5 月	出任「國防最高會議」副秘書長
1954 年 11 月	任國軍退除役官兵輔導委員會主任委員
1957 年 10 月	國民黨第八屆中央常務委員
1958 年 7 月	行政院政務委員
1963 年 9 月	代表蔣介石第二度訪美
1963 年 11 月	國民黨第九屆中央常務委員
1964 年 3 月	任國防部副部長
1965 年 9 月	代表國防部第三度訪問美國
1966 年 1 月	任國防會議秘書長
1967 年 2 月	國家安全會議的國家總動員委員會主委
1967 年	代表國防部訪問日本
1969 年 3 月	國民黨第十屆中央常務委員
1969 年 6 月	任行政院副院長
1969 年	任行政院經濟委員會主任委員
1970 年 4 月	代表行政院四度訪問美國
1972 年 5 月	任行政院院長
1975 年 4 月	蔣介石去世，蔣經國繼任黨主席
1977 年 11 月	中壢事件爆發，導致「王升李換」
1977 年	革命實踐研究院主任李煥下，蔣自兼
1978 年 5 月	中華民國第六任總統
1979 年 1 月	美中建交，台美斷交
1979 年 12 月	美麗島事件爆發，蔣經國下令捕人

1984 年 5 月　連任總統，副總統李登輝

1988 年 1 月　病逝台北

蔣氏父子於 1949 年 5 月流亡台灣後，立即著手整編特務組織，並將特務組織交給蔣經國掌控，意圖使他早日控制住特務、軍隊、黨務、青年，一步步打定「父死傳子」的基礎。

蔣經國透過 1949 年「政治行動委員會」→ 1950 年「總統府機要資料組」→ 1954 年「最高國防會議」→ 1967 年「國家安全會議」的國家安全局，牢牢掌握住情治特務系統。

軍隊方面，蔣經國於 1950 年擔任國防部總政治部上將主任，同年開辦「北投政工幹部訓練班」（後改政工幹校，再改政治作戰學校），1956 年出任退除役官兵輔導委員會主任委員，1964 年任國防部副部長，1966 年任國防部長，在軍隊中設立黨部與政工人員負責監控，更逐步清理黃埔系勢力，起用新人，建立將官輪調制度來防止叛變。

黨務方面，1950 年 8 月成立的「中央改造委員會」，蔣經國出任首席委員，將黨內陳立夫系的勢力清除，大量晉用「太子系」新人，因而掌控黨務運作。

青年方面，1952 年設立「中國青年反共抗俄救國團」，滲透進入教育體系，灌輸崇拜蔣氏父子爲「領袖」的法西斯思想，以軟硬兼施的手法籠絡青年，以新奇熱鬧的事物迷惑青年，實施其思想統治及奴化教育。

至於蔣經國統治台灣的功過，眾說紛紜，猶待後來者加以用心釐清。

作者簡介

蔡省三、曹雲霞，兩人是夫妻，證婚人蔣經國，都是「太子系」嫡系出身，1949 年淪陷在中國大陸，蔡省三因組織游擊隊對抗中共，遭到中共逮捕，關押至 1975 年始特赦釋放，他選擇經香港回台灣，台灣當局拒絕，只能滯留香港。曹雲霞在中共同意下，於 1975 年冬往香港，夫妻終能團聚。

12.《贛南憶舊錄》

曹雲霞著　自由時代鄭南榕發行　1986年10月初版

我滯留香港，原非始料所及；雲霞之來，更屬意外。我倆共同的遭遇是：「紛繁的問題，雜亂的挑戰。」個人瑣事，不值得多談。但是，「從報刊上，不斷看到一些文章，或者接觸友好交談，有些往事傳聞，歷史掌故，特別是涉及現實的某些事或某些人，以訛傳訛，頗有乖離。」特別是目睹一些歷史蛀蟲，他們力圖塗改歷史的眞跡，掩飾他們的原形；並且妄想把別人從歷史上抹掉，堵塞人家的嘴巴。作爲一個過來人，有責任用自己親身的經歷，揭示歷史的眞面貌。爲此，雲霞挺身而出，「爲歷史作證而執

《贛南憶舊錄》由香港七十年代雜誌社出版，鄭南榕發行台灣版，旋遭警總查禁。

筆」，她的一篇又一篇回憶，就是這樣問世的。現在仍按發表先後彙集。這個集子，就不是依照個人事先的佈局而系統寫述的；是一篇一篇的憶述某人或某事，每一篇都可以作爲一份獨立的資料。然而，由於問題的展開，都聯繫時代的脈絡、人地的因緣，因而，又有其聯貫性。其中主要是憶述抗戰期中，在贛南的所見所聞所知所爲。當年贛南的首腦，是蔣經國先生，雲霞是蔣先生的學生和部屬。因此，每篇回憶，都莫不和蔣先生有關，包含了不少有關蔣氏的歷史資料，有助於對蔣氏的認識。

蔡省三，本書〈序言〉，1977.02.21. 香港

《贛南憶舊錄》作者曹雲霞，是蔣經國的「三民主義青年團江西支團部幹部訓練班」（簡稱「江西青幹班」）第一期的學生，也是他的第一批嫡系幹部。當年她和先生蔡省三於1940年11月17日結婚時，邀請蔣經國當證婚人。本書是她1976年6月至1977年2月在香港時，撰述而按月刊登在《七十年代》雜誌的文章，結集成書的作品。

《自由時代系列週刊》鄭南榕先生，除週刊定期發行之外，也開始出版叢書，但他並不向新聞局辦理出版社登記證，只以「鄭南榕發行」就公開出版，本書出版後隨即遭到警備總部發函查禁，公文如下：

台灣警備總司令部 75.10.28.（75）劍佳字第 5101 號函
主旨：自由時代系列叢書第 8 號《贛南憶舊錄》一書，
內容不妥，依法查禁，請照辦！
說明：
一、該書部分文字，核已違反〈台灣地區戒嚴時期出版管制辦法〉第三條第四款「詆毀國家元首」、及第六款「淆亂視聽足以影響民心士氣」、及第七款「挑撥政府與人民情感」之規定，依同辦法第八條扣押其出版物。
二、依〈戒嚴法〉第十一條第一款、第八款及前開之規定，為扣押該出版物，對於建築物、船舶及認為情形可疑之住宅，得施行檢查。
三、請轉知所屬協調有關單位，依法檢扣報繳。
總司令　陸軍二級上將　陳守山

《贛南憶舊錄》首篇**〈記參加蔣經國先生第一個青幹班的經過〉**說道：青幹班學員在蔣經國倡導下，形成一股「兄弟熱」，最有名的「十兄弟」由自稱「大哥」的章亞若號召組成。章亞若是江西新建縣人，原職「贛縣動員委員會」書記、三青團區隊長，經蔣經國主任特准調到「青幹班」受訓。她就是外界盛傳的蔣經國的情婦……作者曾好奇地向一個支團部調訓的徐姓女同學探問：「你瞧章亞若可有神通？」徐說：「小鬼，你知道章亞若是誰？」我說：「她是專員公署職員調訓的。」徐說：「章亞若來頭可大啦，她是蔣主任的『那個』。這秘密，可別亂說呀！」

〈我所認識的王昇諸君〉介紹王昇，現年62歲（1976），江西省龍南縣人。1939年2月，王昇與作者同時到江西吉安參加「軍事委員會戰時工作幹部訓練團第三團」（簡稱「戰幹團」）受訓。王在此之前，曾在江西保安處某部任文書上士，寫得一手工整的楷書。戰幹團在南昌因遭日軍攻陷，移至瑞金，改稱「中央軍校第三分校」，到年底結業，列為「第三分校十六期政訓總隊畢業」，這是王昇的軍校學歷。再經「第三分校」保送，參加「江西青幹班第一期」，成為蔣經國的第一批門生。以下是王昇簡歷：

1940年4月，「江西第四區專員公署」委任級視察，專員是蔣經國，成為蔣氏近臣。

1941年調任贛縣縣政府軍事科長，年底到重慶，參加「三青團中央青年幹部班第三期」受訓三個月。

1942年派任「三青團江西支團部」佐理書記，被擢升為省級領導幹部。

1943年出席「三青團江西支團第一次代表大會」當選「幹事」。

1944年春投考「三青團中央幹校研究部第一期」，到重慶受訓，校長蔣介石，教育長蔣經國。當年年底，以學生身分響應青年從軍，被選拔到「青年軍政治工作班第一期」受訓一個月，主任蔣經國。

1945年春由「政工班」分發回江西青年軍任政治部中校科長。

1946 年春參加三青團江西支團第二次代表大會，再次當選幹事，並與許素玉被選爲出席三青團第二次全國代表大會。夏天到廬山參加三青團第二次全國代表大會。後來「青年軍」復員，調任嘉興青年學校校長，隸屬國防部預幹局，局長蔣經國。

1947 年調任國防部預幹局上校視導，局長蔣經國。

1948 年秋調任國防部戡建總隊第六大隊上校大隊長，率隊至上海跟隨蔣經國搞「經濟管制」（打老虎），並組織「大上海青年服務總隊」，自任總隊長。再被蔣經國推薦給國民黨青年部長陳雪屏派任爲第一處副處長。

1949 年 1 月一度率「戡建大隊」到奉化溪口，擔任蔣氏家鄉守衛。2 月再率「戡建大隊」到南昌，派任國民黨江西省黨部書記長，主委爲方天。夏天率「戡建大隊」到廣州，改爲「政工總隊」，自任總隊長，隨後撤往台灣。

《蔣經國別傳》係江南遺作《蔣經國傳》的補述，台灣版由深耕雜誌系統出版，隨即遭到查禁。

李煥，陝西人，對日抗戰前由北京師範大學畢業，在北京師大時已經參加「復興社」，在北平學生界是位活躍的中堅份子。抗日戰爭後，他回到家鄉陝西西安，參加三青團工作。1944 年春天，他辭掉職務再考取「中央幹校研究部第一期」，至重慶受訓，而成爲蔣經國的學生。同年底報名從軍，到青年軍政工班受訓，結業後分發到青年軍政治部任職。日本投降後，赴東北保安司令長官部政治部擔任秘書、瀋陽市政府外事處副處長、瀋陽「中蘇聯誼社」總幹事。1947 年國民黨在南京成立「青年部」，蔣經國推薦他擔任專門委員，後調任第一處（組織訓練）處長，這是他跨入國民黨中央領導階層的開始。更重要的是他 1948 年秉承蔣經國之命令，與王昇等人設立「鐵血青年團」的秘密核心組織。李煥以穩重機靈見長，負責組織工作。這就是他來到台灣後，躍升爲中央委員、中央組織工作會主任的原因。

〈蔣專員的「五有」和「十多」〉一文指出：

「五有」是「人人有飯吃；人人有衣穿；人人有屋住；人人有書讀；人人有工做」。這是蔣經國當年擔任「江西省第四區行政督察專員」時，所提出來「建設新贛南」的五大目標。

綜觀蔣經國專員任內的全部歷程，可分爲三個階段：

一、收拾「爛局」階段：1939 年 3 月就職至 1940 年 3 月第一次反共大逮捕。

二、宣稱建設階段：1940 年春召開「第四區擴大行政會議」，正式制定「新贛南三年建設計劃」（後改爲「五年計劃」），提出「五有」目標。

三、離職掛名階段：1944～1945 年。1944 年冬，贛州淪陷，1945 年蔣經國正式辭職。

從作者曹雲霞的角度來看，她認爲蔣經國如果下定決心，在當時的基礎上實行改革，主要在農村實施土地改革，廢除苛捐雜稅，肅清貪汙，幫助農民發展生產，多種經營；逐步改善廣大農民生活，保證在可能範圍內，讓農民普遍享受最低的「五有」，而不受壓榨，不致失業，不虞飢寒，不是文盲。這些可說是切實可行，有可能做到的；但是，當時卻不曾在這方面眞正做點實際工作。因此，「五年計劃」中的「五有」終於落空。

讀畢全書，作者或許是因爲談論老長官，筆下有所斟酌，褒貶都有，毫無口出惡言而查禁。又或許作者夫婦淪陷在中國二十多年，恐怕是中共統戰工具，而先拒絕夫入境，再查禁妻之作品。還是鄭南榕之無出版登記證發洩的行爲，所以警備總部發函查禁。謎底恐難揭曉。

請閱第 11 章作者介紹欄

13.《新黨救台灣》

尤清著　曹子勤發行　1986 年 11 月初版

從《自由中國》雜誌雷震案、余登發案到《美麗島》雜誌高雄事件，都爲了突破黨禁而受難。我們對於過去的犧牲和經驗，都經過一番研究並且深刻反省。爲了組黨，我們不敢輕舉妄動，也未曾須臾懈怠。

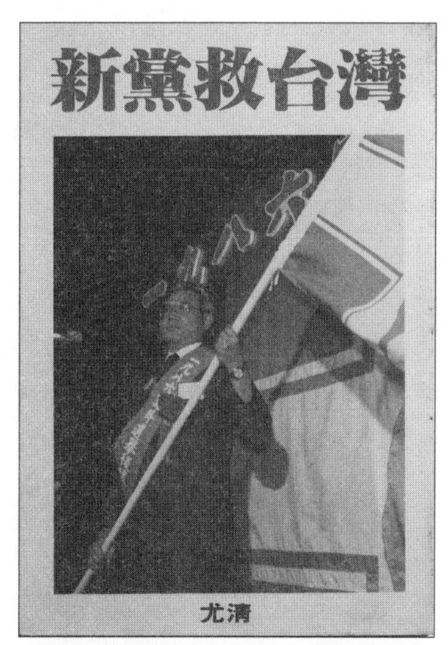

《新黨救台灣》一書，尤清提出他的創黨理念及做法，仍然遭到查禁。

我們的黨經過有計畫的準備工作，很成熟的作業，選擇在九月二十八日孔子誕辰那一天宣布成立，孕育四十多年的新黨終於誕生。清新、喜悅，帶給台灣新希望！

新黨的孕育及產前的陣痛，很多朋友都想知道其點點滴滴。我個人敬謹將所見、所聞、所思及所知的片段，透過本書呈現在大眾的

面前。大家也能夠從本書瞭解新黨的艱苦歷程，也能夠瞭解：爲什麼尤清在過去挫折重重之下，還滿懷信心，堅定相信組黨必能成功！

民主進步黨誕生了，像小牛出世一樣，需要更多的培育。作爲民主進步黨黨員，我也藉此呼籲各界人士支持。

尤清，本書代序〈台灣新希望〉，1986.10.10.

監察委員尤清將他從 1982 至 1986 年所發表的有關政黨法與組織新政黨的論文、接受採訪與座談的十六篇文章，在「民主進步黨」宣布組黨後，於 11 月初以《新黨救台灣》之名出版，旋即遭到警備總部查禁。函文如下：

台灣警備總司令部 75.11.11.（75）劍佳字第 5347 號函
主旨：《新黨救台灣》一書內容不妥，依法查禁，請照辦！
說明：
一、由曹子勤發行及編輯之該書，其中部分文字，核已違反〈台灣地區戒嚴時期出版物管制辦法〉第三條第五款「違背反共國策」、第六款「淆亂視聽足以影響民心士氣」、第七款「挑撥政府與人民情感」之規定，依同辦法第八條扣押其出版物。
二、依〈戒嚴法〉第十一條第一款、第八款及前開之規定，爲扣押該出版物，對於建築物、船舶及認爲情形可疑之住宅，得施行檢查。
三、請轉知所屬協調有關單位，依法檢扣報繳。

總司令　陸軍二級上將　陳守山

組織新黨是黨外朋友等待了四十年的期待，這麼多黨外前輩爲了組黨而犧牲生命或身體自由，卻依然前仆後繼，這是大家有目共睹的，我們在此簡要地回顧一下。

1960 年 6 月間，台灣在野黨及無黨派人士開始籌備組黨工作， 9 月 1 日宣布將於 9 月底組成新黨。孰料，雷震及新黨秘書傅正等四人於 9 月 4 日被捕，新黨遂胎死腹中。後來流傳出來的〈中國民主黨的政綱及政治主張〉，其內容包括：

一、宣言。

二、我們的政綱：1. 爭取國家的獨立與統一、2. 維護國際的正義與和平、3. 保障人民的權利與自由、4. 維護司法獨立、5. 建立國家軍隊、6. 建立文官制度、7. 樹立政黨政治的規模、8. 增進人民經濟福利、9. 發展教育文化事業、10. 實行地方自治。

三、我們對當前的政治主張：1. 關於保障人權者、2. 關於取消一黨專政者、3. 關於軍事財政經濟者、4. 關於地方選舉者、5. 關於召開反共救國會議者。

從內容來看，業已具備基本綱領及行動綱領的內容。

1978 年年底，黨外人士組成「台灣黨外人士助選團」，發表〈台灣黨外人士共同政見——十二大政治建設〉。從形式來看，這是競選綱領，但實質上已揭示黨外的基本主張，也可說是〈基本綱領〉與〈行動綱領〉的簡單化與條文化。在選舉活動中，可達到對外「廣告宣傳」、「激發引導」及對內「刺激鼓舞」的功能。

1981年9月28日黨外人士聚集台北市中山堂午餐。當時發表〈民主、團結、救中國——黨外人士的共同主張〉作爲共同聲明，共同主張的第一條表明：「台灣的前途，應由台灣的一千八百萬人民共同決定」，激起各種不同立場人士的強烈反應。

1983年及1985年黨外都成立後援會爲黨外參選人士助選，更兩度頒佈〈共同政見〉作爲黨外人士競選的參考政見。其中，1985年的〈共同政見〉體系完備、內容充足，結合〈競選綱領〉、〈行動綱領〉及〈基本綱領〉的特性與內容。

1986年9月28日，「民主進步黨」宣布成立，提出：

〈民主進步黨基本綱領——我們的基本主張〉

甲、民主自由的法政秩序

一、維護人的尊嚴及基本人權。

二、確立國民主權原則。

三、建立權力分立與制衡制度。

四、健全政黨政治。

五、肯定集會結社自由與自發性運動。

六、保障新聞自由。

七、法律應追求與現實正義。

八、建立中立負責的行政官僚體制。

九、監督國家緊急權。

乙、成長均衡的經濟財政

一、尊重私有財產。

二、維持穩定中的經濟成長。

三、促進充分就業。

四、扶助中小企業。

五、確保區域平衡發展。

六、維護生態環境。

七、公營事業開放民營。

八、開發農漁業資源。

九、健全財稅金融制度。

丙、公平開放的福利社會

一、建立公平安定的社會體系。

二、追求福利國家更高境界。

三、實現全民社會安全制度。

四、提高勞工保護基準。

五、公營事業建立生產民主制。

六、疏解人口膨脹壓力。

丁、創新進步的教育文化

一、建立開放的教育體系。

二、維護教育中立學術自由。

三、兼顧現代文化與本土文化。

四、充實文化內涵。

戊、和平獨立的國防外交

一、恢復與發展國際關係。

二、和平解決國際爭端。

三、台灣前途應由台灣全體住民決定。

四、終止臺海兩岸對抗。

五、採取科技化精兵政策。

六、貫徹軍隊國家化原則。

1986年10月20日出版的美國《時代週刊》(*Time*)第26頁刊登由記者Donald Shapiro(中文名:沙蕩)報導的〈**國民黨的新挑戰**〉:

《尤清對話錄》一書,是尤清在1982年之後接受黨外雜誌與報社記者採訪的對談紀錄。

幾個月來,國民黨的政治改革小組慢吞吞地研議如何使台灣民主一點的敏感問題。上週,這個小組急急忙忙地向國民黨的決策機構提出二項除舊佈新的議案:解除三十八年之久的戒嚴及建立組黨的指導原則。

平常分散的台灣反對人士,採取誰也預想不到的團結步驟之後,沒有幾天,官方的一些舉動才猝然而起。各派反對人士一百三十五名在台北圓山飯店集會,起初只是要決議選舉綱領及推薦12月6日的中央民意代表的候選人。但是在整天的開會中間,三位反對派的領導者,突然建議組織一個發育成熟的政黨，來向國民黨挑戰。在歡呼及掌聲中，全體一致通過組黨的議案。一位反對派領袖也是十二月選舉的候選人康寧祥回憶說：「每一個人立刻瘋狂起來，一下子，一百三十五人搶著簽名做發起人。」

二十五年之後（從1960年雷震等人籌組「中國民主黨」失敗，距今二十五年），反對組織取名爲「民主進步黨」，第一次正式向國民黨展示政黨挑戰。民主進步黨綱領包含一些基本立場：解除戒嚴、選舉制度與經濟政策之自由化及有關台灣的前途應由台灣全體住民決定。最後這一項與國民黨所主張的台灣的未來不能與中國大陸之未來分割的基本原則，相互衝突。

七十六歲的蔣經國總統的政府對於反對人士的勇敢舉動，採取審愼的反應，對於民主進步黨是既不接受，也不鎭壓。1949年以來，在戒嚴之下禁止組黨，反對人士的柔性結盟，稱爲「黨外」（字面上是「在現有政黨之外」），只准組織選舉後援會，也建立了「公共政策研究會」（簡稱公政會）的十五個分會。國民黨政府容忍黨外，是基於當地情勢及國際形象的考慮。美國是台灣的主要貿易夥伴，美國貿易保護主義的情緒日益增漲，蔣政府也不願被美國的議員看成壓抑追求民主的情緒。

各方期待國民黨的主要決策機構中常會在本週考慮下一步驟。上星期，政治改革小組建議解除戒嚴，如各方期望的快速通過，但准許組織民主進步黨的建議可能要面臨冗長的爭辯。官方人士對於民主進步黨將會作爲忠誠的反對黨，尚未滿意。由於民主進步黨的綱領，要求總統及其他最高階層的官員由人民直接選舉，更加劇了國民黨的恐懼。他們害怕新黨將要改造目前的政治體制。

上週，民主進步黨減輕國民黨的疑慮。民主進步黨工作委員表達對於憲法之尊重並強調反共的堅定立場。也有幾位民主進步黨成員公開拒斥海外的台獨組織。國民黨秘書長馬樹禮說：「我們已蒐集他們所主張的每一個訊息，他們尚未進一步提出足夠明確的綱領。我們還要等一等才下判斷。」

雖然國民黨寧願避免對立，但選舉一靠近，他們對於反對人士的耐心就消失了。行政院長俞國華宣稱：「最高的考慮是國家的生存。如果國家不能存在，能去想民主發展有多好嗎？」但是民主進步黨的人士堅信為了民主值得擔當被人報復的危險。民主進步黨發言人尤清說，建立新政黨是台灣民主發展的主要轉捩點。

民主進步黨要在選舉之前，舉行全國黨員大會，以便最後確立黨綱並選舉黨主席。在此之前，建黨初期的組織必須繼續暫時應變。當美國聯邦參議員愛德華·甘迺迪及聯邦眾議員史蒂芬·索拉茲為拍發祝賀民主進步黨成立的電報而探詢地址時，民主進步黨的領導人在初期還拿不出黨部地址呢！

讀完本書，你會對黨外人士追求台灣民主化與自由化的決心與拚搏的用心，感到動容，會心存感激。

作者簡介

尤清，1942 年生於今高雄市大樹區，1978 年取得德國海德堡大學法律博士，返國擔任律師，為美麗島事件辯護律師，由黨外省議員支持於 1980 年當選監察委員、曾任三屆立委、二屆台北縣長及駐德國代表，已從政壇退休。

14.《蔣家王朝》

無作者　無出版社　約 1986 年 11 月初版

蔣家王朝從 1927 年 4 月攫取權力，開始君臨中國，迄至 1949 年國共內戰，敗走中國，共二十二年，是中國近代史上最貪婪、最賣國、最專制的政權；而從 1949 年強取台灣，君臨台灣迄今（1986）， 共三十八年，也是台灣史上最霸道、最獨裁、最違反人性的政權。過去，它與中國人民爲敵，自絕於中國人民，終於被中國人民唾棄；現在它亦與台灣人民爲敵，自絕於台灣人民，可以預料得到的，在不久的將來它的命運，一定會像被中國人民唾棄，消失於中國一樣，被台灣人民唾棄而消失於台灣，而成爲台灣史上最後的外來政權。

《蔣家王朝》一書，〈出版者的話〉

黨外由 1983 年 3 月林正杰創辦《前進》週刊開始，鄭南榕更是豪邁地四處向親朋好友借用大專畢業證書來當雜誌發行人，陸續登記二十二張雜誌執照，使得《自由時代》系列週刊不會因爲遭到警備總部停刊一年而斷期，連續五年八

《蔣家王朝》係自由台灣叢書第四號，約1986年11月初版，即遭警總查禁。

個月發刊三百零二期。隨後許榮淑的《深耕》系列、康寧祥的《八十年代》系列、《新潮流》等雜誌紛紛跟進，因此1984至1987年7月「解嚴」成爲黨外週刊的「戰國時代」。加上國民黨情報局在1984年派出黑道殺手陳啓禮、吳敦、董桂森三人遠赴美國，槍殺美國公民江南（本名劉宜良），如此囂張行爲，引發美國政府對蔣政權施壓，造成國際風波。江南遺作《蔣經國傳》更成爲台灣島內熱門書籍，黨外各家週刊紛紛連載，盜版書滿天飛，刨挖蔣家及國民黨的秘辛，成爲銷售保證。就筆者記憶所及，《蔣經國傳》、《宋氏王朝》、《我所認識的蔣介石》、《蔣介石臉譜》、《失敗的悲劇者——蔣介石》、《蔣經國系史話》、《贛南憶舊錄》及這本《蔣家王朝》都是當年一窩蜂出版的產物，這也只能說是蔣家政權咎由自取了！

台灣警備總司令部 75.11.11.（75）劍佳字第5357號函

主旨：自由台灣系列叢書4《蔣家王朝》一書內容不妥，依法查禁，請照辦！

說明：

一、該書查爲翻印匪僞之出版物，其內容文字，核已違反〈台灣地區戒嚴時期出版物管制辦法〉第二條「匪酋、匪幹之作品或譯者及匪僞出版物一律查禁」、第三條第三款「爲共匪宣傳」、第四款「詆譭國家元首」、第六款「淆亂視聽足以影響民心士氣」、第七款「挑撥政府與人民情感」之規定，依同辦法第八條扣押其出版物。

二、依〈戒嚴法〉第十一條第一款、第八款及前開之規定，爲扣押該出版物，對於建築物、船舶及認爲情形可疑之住宅，得施行檢查。

三、請轉知所屬協調有關單位，依法檢扣報繳。

總司令　陸軍二級上將　陳守山

筆者注意到警備總部的查禁公函上說明「該書查爲翻印匪僞之出版物」，經過詳細比對，《蔣家王朝》的作者爲榮孟源，內文三三五頁，由北京的中國青年出版社於 1980 年 6 月出版。台灣盜版的《蔣家王朝》內容有所增刪，卷一「蔣家王朝在中國」的一～十五章，由蔣介石的出身、得勢、建立王朝、剿共、法西斯獨裁、蔣宋孔陳四大家族、抗戰眞相、慘勝的抗戰、爬上總統交椅、民怨沸騰、民變蜂起、國共戰爭等等。增加卷二「蔣家王朝在台灣」是十六～十八章，分別是：梟雄父子、後主繼位、亡朝異象等三章。這部分應該也是由其他書籍抄襲而來。

首章〈蔣介石的出身〉說：蔣介石是浙江省奉化縣錦溪

地方溪口鎮人，名中正，字介石，學名志清。他自語「中正幼多疾病，且常危篤；及癒，則又放嬉跳躍，凡水火刀棍之傷，遭害非一。以此倍增慈母之勞。及六歲就學，頑劣益甚。

原版《蔣家王朝》一書的出版，是要慶祝中華人民共和國建國三十週年的產物，它是遵照馬列主義、毛澤東思想所撰述的書籍，是否真正是本實事求是的歷史敘述，則需要讀者們用您明亮的雙眼及您睿智的頭腦來決定了！

作者簡介

榮孟源（1913～1985），山東省寧津縣人。中國大學肄業。他在社會科學院近代史研究所工作，積極協助范文瀾所長宣傳馬克思主義的史學觀點，推動中國近代史的研究；從1954至1985年負責主編《近代史資料》六十期，約二千萬字。歷任研究員、學術委員、研究室主任及中國國務院古籍整理規劃小組成員，曾擔任中國現代史學會副會長。作品有：《國賊蔣介石》、《蔣家王朝》、《中國近百年革命史略》、《歷史筆記》、《史料與歷史科學》等。

15.《民主進步黨成立・許信良闖關回台專集》

許國泰發行　1986年11月15日初版

由許國泰於1986年11月15日發行，警總在17日即將本書查禁。

民主進步黨在11月10日，順利並成功地召開了第一屆全國黨員代表大會。並選出夙負眾望的江鵬堅先生爲第一屆黨主席，以及其他各位先進朋友爲黨的幹部。新黨已「正式」成立，台灣歷史上首次出現了實質的反對黨。

新黨的成功召開，統合了四十年來的台灣民主運動。我們期盼新黨能勇敢前進，大家偕同努力，在今年這次選舉——台灣第一次兩黨競爭之中，能夠獲得可觀的進步，爲新黨未來的發展奠定良好的基礎。

而在大家歡慶新黨出現的此刻，我們也應該熱烈地歡迎許信良、林水泉、謝聰敏這三大勇士返台，爲今年選舉創造另一歷史性的高潮。

編輯部，本書序〈慶賀新黨成立　歡迎三大勇士〉

本書首篇〈**歷史性的馬拉松會議——民進黨召開第一次黨員代表大會**〉告訴我們：從「九二八」圓山建黨之後，社會各界即密切注意第一屆全國黨員代表大會的召開。在全體工作委員的精心策畫下，各縣市在 11 月 8 日，迅速召開黨員大會選出黨員代表。同日，工作委員會以秘密作業方式，通知黨員代表，11 月 10 日中午於台北市環亞大飯店召開黨員大會。

10 日中午，全國各地的黨員代表，懷著興奮的心情，齊聚環亞大飯店五樓，出席這場歷史性的會議。而在大家午餐時，一位三毛一的分局長率領一群警察到達會場，要求進入會場看看。幾位台北市議員出面阻止，工作人員林樹枝也帶領一群壯漢擋在門口，警察不得其門而入，只好悻悻而退。這是這次大會唯一的外力干擾。

下午 1 點半，吳乃仁宣布準備開會，請求全體黨代表退出會場，再依序簽名進場開會。首先由工作委員會召集人費希平報告籌備經過之後，隨即正式開會。

首先推選大會主席，被推選的人士大都謙辭，後經表決到費希平時，全場絕大多數舉手通過。費希平隨即以很快速度通過「開會辦法」、「大會議程」、「發言規則」等，在審議黨章時，周伯倫根據「開會辦法」要求逐條討論，而開始進入冗長的黨章討論。某些人對條文意見多、發言冗長，致使黨代表不耐，紛紛喝倒采。在這種情緒下，許多代表發言，認爲黨章乃十八位工作委員苦心研究的結果，應該給予尊重，如有問題，明年再來討論修改即可，因此將黨章未定部分全數立即通過。隨即再將「審議黨綱」部分挪前，並立即通過。

接著舉行中央執行委員選舉，在漫長的投開票後，下午六點半揭曉，由黃爾璇、江鵬堅等三十一位當選中執委。大會並宣布第二階段移往長安東路「甲天下海鮮餐廳」開會，同時「新黨之夜」晚會場地的金華國中也核准了。

全體人員移往「甲天下海鮮餐廳」繼續第二階段會議，吃過便當後，隨即選舉中央評議委員，選出陳菊、邱義仁等十一位中央評議委員。由於「新黨之夜」晚會早已開始，主席宣布十點半再到元穠茶藝館繼續第三階段會議，大家前往金華國中，每位新當選中執委胸前都別上紅花，接受群眾歡呼。

十點半，當選中評委的十一人及當選中執委的三十一人（余玲雅因事趕回高雄），都到元穠茶藝館繼續開會。

先由十一位中評委互選中評會常務委員五人，由陳菊、邱義仁、郭吉仁、吳鍾靈、王義雄當選。並推選郭吉仁爲主任委員。根據黨章第十九條，中評會將負責下列事務：

一、監督執行委員會執行黨務。二、審議民進黨的預算及決算。三、解釋黨章。四、審議民進黨內部規章。五、糾正、質詢及獎懲之決定。

接著是重頭戲：中常委選舉登場，由三十一位中執委互選十一位中常委，每位中執委可連記五人，結果由：

費希平、蘇貞昌（各13票），游錫堃、康寧祥（各12票），江鵬堅、周滄淵（各11票），尤清、謝長廷、洪奇昌、潘立夫（各9票），吳乃仁（8票）等十一人當選。

接著中執委從這十一位中常委選出黨主席，結果：江鵬堅（13票），費希平（12票），康寧祥、尤清、謝長廷（各1票）。中執委彼此有個默契：不願意黨主席是今年參加選舉的人士，深怕萬一黨主席落選，會影響黨的聲譽，因此將選票集中投給江鵬堅與費希平。

最後，由「一任立委，終身黨外」的江鵬堅膺任民主進步黨第一屆黨主席。

〈**海內外組黨運動大事記**〉則載明1986年島內與海外有志同鄉聯手完成這看似不可能的任務，重點摘要如下：

❑ 2月間，許信良、林水泉、謝聰敏三人在洛杉磯會晤，決定推動「海外組黨運動」，開始籌組「台灣民主黨」而奔走全美。

❑ 5月1日下午2點，許信良等三人在紐約聯合國廣場飯店召開記者會，宣布「台灣民主黨建黨委員會」成立。

❑ 5月3日，國民黨主席蔣經國於中常會上，指示中央政策會「應本著誠心誠意態度，與社會各界進行意見溝通，以促進政治和諧與民眾福祉。」

❑ 5 月 19 日，黨外人士在台北龍山寺發起「519」行動，抗議國民黨的「戒嚴令」。

❑ 5 月 20 日，台灣民主黨建黨委員會在華府成立「台灣民主委員會」，由甘迺迪、佩爾、索拉茲、李奇四位美國國會議員組成。

❑ 6 月 27 日，許信良等三人參加美東夏令會，向與會人士報告海外組黨籌備現況。

❑ 7 月 3 日，傅正邀請尤清、黃爾璇、謝長廷、周清玉、江鵬堅、費希平、陳菊、張俊雄、許榮淑等十人餐敘，正式組成建黨「十人小組」，研究黨外組黨事宜。

❑ 7 月 6 日，台灣民主黨建黨委員會宣布，已募集五百位建黨委員，美加地區已成立九個分會。

❑ 8 月 2 日，黨外公政會舉辦全國各分會會務研習營，與會 50 多位各分會幹部紛紛建議儘速召開全國代表大會，以便早日促成黨外組黨。

❑ 8 月 6 日，新聞局長張京育發表恫嚇性談話：

一、公政會及其分會在未完成合法登記許可前，屬非法組織。二、公政會如不依循法律途徑活動，政府當視情節輕重依法處理。三、極少數圖謀不軌或通緝有案的台獨份子籌組所謂「台灣民主黨」，鼓吹以暴力手段破壞我社會安寧，並從事顛覆政府陰謀，公開與 1,900 萬同胞安全福祉爲敵，實爲法所不容。

❑ 8 月 9 日，黨外首都公政分會在台北金華國中舉辦「促進組黨說明會」，爲各種組黨說明會之先聲。

❑ 8月12日，台灣民主黨建黨委員會臨時主席許信良、副主席謝聰敏表示目前島內黨外已有組織反對黨之議，將延緩至10月底組黨；若島內黨外能儘快組黨，委員會成員將「回台入黨」。

❑ 8月15日，全國黨外人士在台北市中山國小舉辦「行憲組黨說明會」，有兩萬民眾參加，並舉行「升黨外黨旗儀式」，美國民主黨國際事務協會會長艾特沃到場致詞。

❑ 8月16日，國民黨軍、警、憲、特聯合舉行「衛安十一號鎮暴演習」，顯示組黨運動已對國民黨產生威脅。

❑ 8月20日，台灣民主黨建黨委員會宣布，許信良等三人將於11月20日～12月1日間擇日返台。

❑ 8月30日，黨外人士在台北吉林國小舉辦「組黨座談會」，與會人士均表示黨外組黨已刻不容緩。

❑ 9月3日，林正杰遭判刑一年半，褫奪公權三年。他和《前進》週刊及首都公政分會同仁發動長達十二天的全台街頭抗議活動，爲黨外組黨聲勢奠定了基礎。

❑ 9月13日，國民黨聲稱，若許信良敢返台，將於飛機著地後，立即予以逮捕。

❑ 9月24日，台灣民主黨建黨委員會發出邀請函，邀請各界人士參加10月4日在洛杉磯世紀大飯店舉行「建黨大會」。

❑ 9月27日，費希平、康寧祥、尤清聚會，決定在翌日的「全國後援會」宣布成立「民主進步黨發起籌備會」。

❑ 9月28日， 1986年黨外全國後援會在台北圓山飯店集會，由於群情高亢，決定正式組黨。

❑ 9月29日，世界台灣同鄉會立即成立「世界台灣同鄉會民主進步黨後援會」，並於歐洲、南美洲、日本、加拿大各地設立「各洲後援會」。

❑ 10月3日，台灣民主黨建黨委員會於南加大希爾頓飯店集會，為呼應黨外組黨，決定改名為「民主進步黨海外組織」。

❑ 10月4日，「民主進步黨海外組織」在洛杉磯世紀廣場大飯店舉辦成立大會。

❑ 10月10日，國民黨司法院長黃少谷在總統府國慶集會上對民主進步黨做恫嚇性演講，聲色疾厲，宣稱維持社會與政治秩序。

❑ 10月15日，國民黨中常會對民主進步黨的處理正式決定了方針：

一、黨禁可開，但必須在〈非常時期人民團體組織法〉修訂之後。

二、黨禁可開，但組黨有條件，為1. 遵憲。2. 反共。3. 與「台獨」劃清界限。4. 不得從事群眾運動。

❑ 11月3日，政務委員高玉樹訪美，與林水泉會談，有勸說之意。

❑ 11月6日，民主進步黨公布了政綱與黨章。

❑ 11月8日，民主進步黨在全國各地分別集會，選出黨代表，準備參加全國黨員代表大會。

❑ 11月10日，民主進步黨第一次全國黨員代表大會於環亞飯店舉行，通過黨章、黨綱，並選出三十一位中執委，完成第一階段。隨後移師甲天下海鮮餐廳，選出十一位中評委，完成第二階段。最後全體中執委與中評委再至元禮茶藝館，由十一位中評委互相選出五位中評會常務委員及郭吉仁主任委員；最後由中執委互相選出十一位中常委，中執委再由中常委之中選出一位黨主席，江鵬堅以 13 票對費希平 12 票贏得勝利，當選民主進步黨第一屆黨主席。

❑ 11 月 22 日，「民主進步黨海外組織」南加州支部舉辦「歡送許信良、謝聰敏、林水泉回台募款餐會」，這是許信良等人回台前的最後一場公開集會。從 5 月 1 日以來的「海外組黨運動」達到高潮。

台灣警備總司令部 75.11.17.（75）劍佳字第 5450 號函

主旨：《民主進步黨成立・許信良闖關回台專集》一書，內容不妥，依法查禁，請照辦！

說明：

一、該書部分文字，核已違反〈台灣地區戒嚴時期出版物管制辦法〉第三條第五款「違背反共國策」、第六款「淆亂視聽足以危害社會治安」、第七款「挑撥政府與人民情感」之規定，依同辦法第八條扣押其出版物。

二、依〈戒嚴法〉第十一條第一款、第八款及前開之規定，爲扣押該出版物，對於建築物、船舶及認爲可疑之住宅，得施行檢查。

三、請轉知所屬協調有關單位，依法檢扣報繳。

總司令　陸軍二級上將　陳守山

其他的文章有：5 月 1 日台灣民主黨建黨委員會成立時，許信良在記者會談話全文的〈**用組黨行動突破國民黨的黨禁**〉及〈**「台灣民主建黨委員會」成立聲明**〉；再來是陳容的〈**海外看許信良**〉、王民雄的〈**許信良將國民黨一軍**〉、秦懷碧的〈**許信良闖關難題**〉、胡志平的〈**許信良回台的技術問題**〉等四篇評論。

接著是弟弟許國泰談許信良的〈**他要把自己當作自由民主的祭品**〉、許信良致父老同胞書〈**我就要回來了！**〉、7 月 14 日接受美國《新聞週刊》（*Newsweek*）採訪〈**我不怕被艾奎諾！**〉、許信良對民進黨的看法之〈**希望黨外新生代一起來保護新黨**〉、許信良海外給林正杰的告別信的〈**共為鄉土去坐牢**〉、劉志仁及林正杰的〈**許信良的出身與思想**〉是篇十年前的訪問稿，他提供許的生平與思想，值得一讀。10 月 4 日他在「民主進步黨海外組織」成立時，所演講的〈**組織百萬黨員的大黨**〉、接受華文雜誌《台灣與世界》訪問的〈**許信良談天下事、國事、家事**〉、1979 年 4 月 20 日向監察院申辯的〈**但得民安國泰，何惜百里之位！**〉的文獻，最後以〈**向歷史證明自己的奮鬥——許信良大事記**〉來結束本書。

本書是 1986 年台灣人在海內外對組黨運動，所創造出來的裡應外合的完美結果！但因爲只有在封面印上發行人許國泰，而沒有版權頁，因此作者簡介省略。

16.《二二八醫界再出發》

林永豐著　自印　1986年11月初版

《二二八醫界再出發》於1986年11月初版，警總旋於11月21日查禁本書。

我從十四歲到台灣，三十六年來，認識台灣人無算，能夠超出「島國的褊狹之見」的台灣人，也結交不少，這種台灣人一旦脫穎而出，他們比來台灣的外省人高明，自不消說。這些朋友中，林永豐醫生兼具博學、誠懇、樂善、勇敢等多方面的美德，如今他能從「良醫」轉向「良相」的路，這種覺悟，是很動人的。十六世紀繆瑞爾說：「良醫之良，在能自醫。」林永豐醫生自醫之未足，又想「良相佐國」，幫助同胞同登彼岸，共度迷津，這是更動人的發展，值得我們最大的注視、最響的

掌聲。現値他的新著出版，他要我寫一點話，乃發悅耳之音、成逆耳之言，給我的台灣人朋友。

李敖，本書序〈給我的台灣人朋友〉，1986年7月21日

《二二八醫界再出發》作者林永豐，在李敖眼中是一位擁有博學、誠懇、樂善、勇敢等美德的好人。他自己在本書**〈黨外公政會台北分會會所成立酒會謝詞〉**一文中，自我期許：

「作爲台灣醫界的一份子，作爲自日據時代、二二八時代與壓迫者相搏鬥——反暴政象徵——的醫界一份子，小弟認爲有義務接續二二八事件以來幾近被撲滅——抗暴的煙火的接續者；作爲一個台大醫學院畢業的開業醫生；一個與『北美洲台灣人醫師協會』有密切聯繫的醫生；一個『台灣人權促進會』秘書長的醫生；一個與『消費者文教基金會』創辦人柴松林先生共創《新環境月刊》兼副社長的醫生；一個與美國大眾傳播媒體，如《時代週刊》、《新聞週刊》等有密切及良好關係的醫生；而最重要的是能用尙可的英文寫文章、用流利的英語把黨外的困境及國民黨的鴨霸，讓全世界愛好民主自由的人士瞭解，同時喚醒島內包括醫界的中產階級站起來，爲台灣前途打拚的醫生，請讓小弟有一表現的機會。」

本書剛出版上市，警備總部隨即以一紙公文予以查禁：

台灣警備總司令部 75.11.21.（75）劍佳字第 5523 號函
主旨：《二二八醫界再出發》一書依法查禁，請照辦！
說明：
一、該書轉刊查禁文稿，內容不妥，核已違反〈台灣地區戒嚴時期出版物管制辦法〉第三條第六款「淆亂視聽足以影響民心士氣」、第七款「挑撥政府與人民情感」之規定，依同辦法第八條扣押其出版物。
二、依〈戒嚴法〉第十一條第一款、第八款及前開之規定，為扣押該出版物，對於建築物、船舶及認為情形可疑之住宅，得施行檢查。
三、請轉知所屬協調有關單位，依法檢扣報繳。

總司令　陸軍二級上將　陳守山

在〈**台灣沒有省籍問題只有人權問題——「省籍與人權」的省思**〉一文，林永豐以為：

造成「省籍」問題的原因，「懼外感」的誤用固是一端，「我族中心意識」的誤解，也是原因之一。……由於「懼外感」誤用的心理，「我族中心意識」的誤解，加上貿易上之競逐、信仰不同的差異、族與族相處、國與國相處，很難保持平衡的心理，若非過亢，必失之過卑，而有「自大」、「自卑」之表現。

自大陸撤退到台灣的國民黨，為鞏固其統治權，把持全國的權力，中央的立法、行政、司法固然一把抓；甚至在地方，上由省主席、下至區里長，也不放過，自以君臨台灣統治者的姿態出現，視台灣同胞如被征服者，予取予求，口頭上稱同胞兄弟，内心裡卻視爲殖民地壓榨的對象，……尤有甚者，日據時代，台灣人民不必負擔全日本之開支。回到祖國懷抱，卻要承擔全國一切的費用，包括沉重的軍事負擔。

在統治者眼中，被它統治的人，只要具有良知、富正義感、不同流合汙，不向惡勢力妥協者，都被視爲眼中釘，都要去之而後快，必然成爲被迫害的對象，並不獨本省人爲然。……在台灣，只有「義」與「不義」，「尊重人權」與「罔顧人權」的問題；在台灣早來的中國人，與晚來的中國人，沒有「省籍」的問題；在台灣只有「人權」的問題。

《夏潮論壇》1986年3月號刊登李希全〈**統治關係與省籍問題——「省籍與人權」座談會側記**〉報導：

他（林永豐）認爲省籍問題之發生，係因「在台灣的中國人，缺乏開闊的心胸」所致，尤其國民黨爲了鞏固統治權，「視台灣同胞如征服地的被征服者，予取予求」，以此種態度對待「簞食壺漿，以迎王師」的台胞，自難令人心悅誠服。

林醫師最後談到香港「九七問題」，他說沒有人是心甘情願做異族殖民地的子民，但是如今香港人聞「九七」而色變，而顫慄，而惶惶不可終日，他們之所以甘願做一個「自由自在的亡國奴」，是因爲瞭解到「自由的飛鳥不願被關進牢籠」；他又以早些年中共倡言的「血洗台灣」作爲警告。言態之間，情感十足，令在場人士印象深刻。

〈**國民黨是省籍問題的始作俑者——再談「省籍與人權**〉一文，係因他的觀點與胡佛教授不同，而胡佛卻採用他的結論，與其原意略有出入，因此再以本文表達己見：

光復後，本省同胞與在日據殖民統治下殊無二致，由參政機會即可看出一端：光復四十年以來本省同胞負擔全國之支出，卻無選舉總統、副總統、中央民意代表之權；甚至地方省主席、本市市長之任免「亦無權過問」，正是「不選代表，不納稅賦」之反諷。

在參政權上應享之權利既無，而政治上受迫害之苦則有，拋開二二八事件數萬人之慘死，本省精英或死或逃，喪失殆盡，留學美國哥倫比亞大學本省第一位哲學博士林茂生、名醫施江南等，以文弱書生，被叛亂之名而遭橫死不談；七年前「美麗島事件」，全省民主領導者盡入樊籠；近日思欲組黨，即遭受恐嚇，例不勝舉。

胡佛先生拋開軍、警之控制不談，拋開人權之立場不談，而以「政治立場」探討，並以「省主席、台北市長、高雄市長皆本省人」爲例，強調無省籍差別。省籍差別在於內涵而非表面，本省籍的省主席、台北及高雄市長，就如本省籍者當總統，就可證明是民主？就沒有省籍差別？本省籍的省、市長不過是傀儡而已，它的出現只是進一步證明確實有省籍差別之存在。……省籍問題並非政治立場的問題，他是外省當政者操縱下的產物，會簡單算術的人，比比手指腳趾，即可算出小小台北市政府局處長，外省籍與本省籍之比例（外省籍 10 人，本省籍 5 人）。小小市政府即是全台灣、全自由中國的縮影。開明博學如胡佛先生、智深開闊如費希平先生者，都有這種想法，其他外省同胞更無足論矣。台灣人任國民黨高官，只是「誰賞飯吃誰就是老闆」，毫無立場可言。

不論用武力反攻、或用三民主義統一中國，最重要的是要靠本省同胞之協助，唯有外省同胞與本省同胞一心一德，才有成功之希望。在台灣沒有政治立場之差別，本省同胞與外省同胞都嚮往民主，都「堅守民主陣容」，這也正是「三民主義統一中國」精義之所在。在台灣只有「民主」與「反民主」、「尊重人權」與「藐視人權」的問題。

〈人權消費者，你該怎麼辦？——台灣人權促進會一年有感〉，是作者於 1985 年 12 月 30 日發表在《台灣人權促進會會訊》第四期的文章，讀來令人毛骨悚然：

當我親身參與人權工作後不久，首次看到一位老太太把她兒子的照片給我看，當時我就感到一陣震慄；這才是眞正的人生慘劇——它既不是自然的疾病、也不是人爲疏忽所引起，他是活生生被打死的。打死他的既不是流氓，也不是歹徒，而是他出錢來保護他自己的人民褓母——警察，他是非法刑求的犧牲品。青春年華，壯碩的身材，體上卻是滿布瘀青的傷痕，學過病理的人，一眼就可看出，死亡的原因，既不是疾病，也不是意外，他是嚴重的外傷導致內出血而死亡的，他是橫死的。

當看到如你我之一的同胞，在所謂的公權力之名下，集體暴力中，被凌辱、被折磨、被要求承認他沒有犯的罪行，而當他勇敢地拒絕時，他的命運顯然是註定了——他該死。但是，死於他花錢所養的所謂「人民公僕」的手中，對任何人而言，都是死不瞑目的。

在台灣，中華民國號稱「民主國家」，在做法上卻不是那麼一回事。當一個公民——一個所謂的主人，被警察用所謂公權力刑求致死時，未聞全國最高行政官員——最高的公僕——行政院長、或主管警政的有司——內政部長，有一言致憾之意；而當一名警察執勤被殺時，行政院長、內政部長都相繼發表談話，殉職警察並備有極哀榮的公祭及三百五十萬元的撫恤金。……刑求的發生，台灣可以說是居世界之冠，這種刑求若是主管有司採取睜一眼閉一眼的態度，無疑也就是成爲一種政策，有這種政策的政府，其心態是足以使人心驚的，那是一種殖民統治者或是專制者的心態，而不是民主國家的政府所應有的態度。

當自己出資的公司無力改進時，身爲股東的自己，不是更要堅持「消費者保護運動」的精神，把它解散掉，重組新公司？如今自己出資的公司，不但剝奪了你自己集會、結社、言論等自由，甚至可以以流氓名義拘束了你自身的自由，消費者你要怎麼辦？在這一點，台灣所有「消費者保護運動」的組織都失敗了。他們只注意到自己所使用的物品，向別人開的公司抗議；出於無知，或出於恐懼，對於自己出資的公司——所謂「自由中國」的「民主政府」——卻不能、也不敢提出抗議。這種只敢對付私人、不敢對付政府、又要抗議、又不敢觸及政治的「消費者保護組織」，消費者，你到底要怎麼辦？

〈**鄭南榕是台灣第一勇**〉是1986年6月16日刊登於《民主時代》第20期，作者如此觀察鄭南榕：

以前，我一直以爲鄭南榕是個沉默寡言的人，但是那天（3月24日）晚上，我看到他以流利的英語侃侃而談，態度從容不迫。他的言論極有見地，我深深感到他對台灣本土的熱愛。

一直到他登記爲「台灣民主黨」第一號黨員，籍貫欄填的是「福建林森」，我才知道，原來他是一個比本省人更愛台灣的人。其實，我的祖先也是福建安溪人，只是他們早一點來台灣而已，我也有許多外省籍的朋友：柏楊、李敖、龍應台……。在我心中，兄弟是先天的，朋友是後天的，朋友的結合比兄弟還親。我認爲不論本省人、外省人，都是同胞，只是國民黨一直企圖把我們分而治之而已。

事實上，到現在我只跟鄭南榕吃過兩次飯，論私交，我們只是泛泛之交，但是對他推行「五一九」、「百萬人簽名運動」、「台灣民主黨」……這方面我覺得他實在很了不起。

作者簡介

林永豐，1939 年 1 月出生於台北市南昌街，建國中學，台大醫學系畢業，為婦產科名醫。受美麗島事件及林宅血案之衝擊，對黨外運動出錢出力，1984 年台灣人權促進會成立，擔任創會秘書長，其後貢獻心力於組黨運動，民進黨成立後再隱身幕後，現已退休。

17.《美麗島以後——領導黨外的人》

劉守成著　田秋堇發行　1986年11月初版

黨外今天能夠組黨成功，美麗島政團成員功不可沒，因爲他們打下了群眾基礎，從推動新黨者絕大多數與美麗島政團的密切關係上，可以看出他們是踏在既定的基礎上向前推進，所以當大家在慶祝新黨成立的時候，應該謹記美麗島政團成員的犧牲奉獻。

《美麗島以後——領導黨外的人》於1986年11月初版，同月26日即遭警總查禁。

放眼未來，「民主進步黨」的主力，將是出獄的美麗島政團成員以及美麗島事件以後領導黨外的人，如果整合順利，這兩個階段的領導精英，可望使新黨發揮空前強大的制衡力量。値此時

刻，對「民主進步黨」領導主力的深入瞭解與評斷，實在很有必要。作者乃針對這四、五年間領導黨外的重要人士做一分析與批評，嘗試掌握這個承接階段的脈動。

劉守成，自序〈從「美麗島政團」到「民主進步黨」〉

作者有關本書文章撰述的幾點說明：

一、作者評判政治人物有兩個目的：1. 希望藉著評判的內容，使被評判者多一份檢討的資料，以利未來的改進，這對新黨的整合將有莫大助益，因爲被評判者都可能是新黨未來的重要角色；2. 希望透過評判文字，使廣大的民主運動支持者，能夠比較貼切地認識這些領導黨外的人，從而對他們發揮鞭策作用。

二、作者評判對象，大約四個標準：1. 言論涉及黨外運動的路線或政治主張者，如謝長廷、尤清、林正杰、邱義仁等人；2. 行爲影響黨外整體政治力量消長者，如康寧祥、陳水扁、費希平等人；3. 言論或行爲對黨外具有特殊意義者，如江鵬堅等人；4. 身在海外而對國內反對運動有影響力者，如郭雨新、黃順興、許信良等人。

三、取名《美麗島以後——領導黨外的人》，帶有作者的主觀判斷，其他尚有一些對黨外運動奉獻極多、影響極大的人，由於認識不深，無法一一評論。

四、作者評人論事，難免受個人經驗、政治理念與價值取向所影響，無法做到全面客觀，因此不公平之處在所難免，只有請大家見諒。

台灣警備總司令部 75.11.26.（75）劍佳字第 5632 號函
主旨：劉守成著《美麗島以後——領導黨外的人》一書，依法查禁，請照辦！
說明：
一、該書部分內容，嚴重不妥，核已違反〈台灣地區戒嚴時期出版物管制辦法〉第三條第六款「淆亂視聽足以影響民心士氣」、第七款「挑撥政府與人民情感」之規定，依同法第八條扣押其出版物。
二、依〈戒嚴法〉第十一條第一款、第八款及前開之規定，爲扣押該出版物，對於建築物、船舶及認爲情形可疑之住宅，得施行檢查。
三、請轉知所屬協調有關單位，依法檢扣報繳。
總司令　陸軍二級上將　陳守山

以下依序介紹本書內容：

〈**「從唐山到台灣」的黨外—終身職立委費希平**〉指出：費希平是東北遼寧省選出的終身職立委，屬於國民黨內的 CC 派。他在 1960 年雷震入獄後，提出質詢爲雷辯護，遭「停止黨權一年」，後來國民黨展開「黨員再登記」，他不去登記，遭老蔣下令開除黨籍，成爲無黨籍人士。

直到 1976 年以前，他孤獨地盡立委職責，以自己的政治信念，向國民黨提出裁減軍隊、削減國防預算、解除戒嚴、實施政黨政治、要求司法獨立等質詢，如狗吠火車。

1970 年代中期，他和康寧祥等黨外立委接觸，開啓他的黨外生涯，展開大陸籍和本土及反對派人士的長期合作。1981 年 3 月，費希平領銜與黨外十位立委向行政院提出〈**對當前政治之檢討**〉的聯合質詢；並在同年年底的地方選舉，到處趕場爲黨外候選人助選，他在群眾熱烈掌聲中，體會到台灣社會熱情奔放的情感，更看到台灣人民對政治改革的迫切要求。1983 年，他在大家推舉下，出任「立委選舉黨外後援會」召集人，負起指揮黨外選舉的重任，他已爲黨外人士所接納；再隨後由黨外後援會改組爲「黨外公職人員公共政策研究會」（黨外公政會），更選他擔任首屆理事長（準黨魁）。但在 1985 年，「公政會」面臨國民黨取締時，是否不更改名稱向政府登記而換取合法地位，成爲公政會內部的重大爭議。費希平不只同意「改名登記」，更以理事長名義給國民黨秘書長蔣彥士一封措詞委婉的信，在黨外圈引爆「致函風波」，他不堪內部紛擾，遂掛冠求去。從他出任黨外公政會理事長的表現來看，他適合擔任黨外精神領袖的角色，至於實際領導，由於他難以掌握反對勢力的脈動，恐怕是力不從心。

費希平雖然辭去公政會理事長，但仍與黨外人士參與籌組新黨，更是「秘密組黨十人小組」成員（後爲建黨十八人小組」成員），後更參加首屆黨主席選舉，可惜以一票之差敗給江鵬堅。作者對此評判是：在「民進黨」中，費希平適合擔任中央評議委員會主委的角色，他可以發揮長者的影響力，提供豐富的從政經驗，把新黨導向穩定與和諧。

以下爲筆者續貂，將費希平之後生平簡要呈現：

1988 年 12 月，「國會全面改選」運動如火如荼展開，經黃信介主席協調，費希平同意率先退職，但是他提出三條件：1. 民進黨必須肯定第一屆資深中央民意代表的貢獻；2. 國會全面改選後，應以比例代表制選出大陸代表，以免國會淪爲地方議會；3. 不妨給予第一屆資深中央民意代表適當退職金，但他的退職金「絕不留用分文，而願全數捐出，作爲社會福利基金」。然而，1988 年 12 月 19 日民進黨中常會決議否決他的退職三條件，他隨即在立法院發出「退黨聲明」。

1989 年 4 月 17 日，中國民主和平統一訪問團由他擔任團長，率領統派人士訪問中國，因碰上「六四事件」延至 6 月 7 日才返回台灣。1990 年 11 月 2 日，在立法院施政總質詢時發表臨別演說，宣布將於年底退職。1991 年退出政壇，定居美國洛杉磯，2003 年 2 月 21 日逝世於洛杉磯。

〈**試論康寧祥路線**〉呈現出：

康寧祥的外交路線：承認現實的國際體系，以「打台灣牌」來爭取台灣的生存空間，以「反對黨外交」來突出黨外的比重。

康寧祥的內政路線：承認國民黨的既存優勢，利用「民主櫥窗」來穩定黨外的生機，拉攏各方勢力爲成立反對黨鋪路。

康寧祥的黨外路線：承認黨外內部的派系衝突，利用各種機會建立主流派的權威，進行以穩健勢力爲主的內部整合。

結論：康寧祥已有成型的政治主張，其他黨外亦應確立自己的政治主張，才能形成有意義的競爭。

〈**黨外的自然領袖——大而化之的尤清**〉顯示：

尤清參加黨外，帶有濃厚的「書生問政」的意味，他形象清新，語言動人，勇於嘗試，因此很順利地爬上了領導層。

「組黨」是尤清的信仰，由於信仰的催促，他成為第一位公開鼓吹並實際探討政黨綱領的人，但是他組黨的理論與實際並不一致。

後來尤清在組黨行動上的表現，暴露他的組黨理論與實際現狀的差距，也顯示他眞正接受的其實是一個「剛性其名，柔性其實」的精英政黨。

如果尤清不打算放棄他的組黨理論，就必須針對柔性政黨——多派聯盟——剛性政黨的不同性質做一番說明，並擬定自己的行動方案。

尤清天眞浪漫，包容性強，極易為人接受，這種得天獨厚的性格，使他在黨外運動中扮演了重要的角色，但是漫無原則的妥協，也可能使他難以成為堅強有力的領袖。

尤清不是一個精明幹練的組織人才，但勇於嘗試及包容性強是他的優點，正因如此，他的參與加快了黨外的腳步，也使他成為受重大期待的反對勢力領導人。

〈**推動黨外組織化的人——議會運動家謝長廷**〉說明：

謝長廷參與黨外，就個人選擇而言，是行有餘力回饋社會，就客觀環境而言，則是具有先進思想的中產階級投身政治改革的典型。

「後援會」實際負起「準政黨」的選舉推薦功能，照謝長廷的講法，這是黨外朝組黨方向發展的嘗試，但也可能淪爲公職人員互相保障的工具。

公政會在各縣市成立分會，成爲黨外最主要的團體，從而建立「黨外黨」的縣市黨部，這是謝長廷「柔性政黨」的具體化。

接受「次團體」的理論，使他的柔性政黨面臨考驗，若不是轉化成剛性政黨的聯盟，就會變成（日本）自民黨內派系，他當然是中意後者。

他肯定群眾運動路線，其實也是一種彈性的表示，他強調議會改革路線與群眾運動路線的重疊部分，小心地避開了歧異甚至矛盾的部分。

謝長廷具有過人的理解力與親和力，他比大部分公職更具理想性，但較新生代更具妥協性，因此在複雜的台灣政治環境中，他只能困知勉行地向自己的目標邁進。

〈議會制衡的典範——「永遠第一」的陳水扁〉說：

「黨外護法」這個形象，在陳水扁身上有最多的發揮，他不僅是「美麗島龍頭」黃信介的辯護律師，也是轟動台灣的「張銘傳案」的辯護律師。

陳水扁的表現，給黨外很大的啓示，就是議會內反對仍然大有發揮的餘地，黨外的問題是連像樣的議會路線都沒有。

然而，在一個團體中「第一」並非最高的評價，英雄也不是人人可以效法的典型，陳水扁應該調整步伐，隨時準備和同志走在一起。

出獄後的陳水扁，一定是民主進步黨的重要人物，但願他能發揮所有的優點，把新黨導到一個最有力的方向。

陳水扁在市議員任內的表現，也是法律性強於政治性。由於認眞、執著，他成爲歷來最傑出的市議員，也是市府官員最敬畏的對象。

以民主運動者的角色來說，陳水扁並不是眞正的激進派，他所鼓吹的是堅定的議會路線，以及徹底的體制內反對。

〈**踏出政治家的第一步——「一屆立委，終身黨外」江鵬堅**〉告訴我們：

江鵬堅以美麗島軍法大審辯護律師的聲譽參與黨外，原本可望有順利地發揮，可是由於對政治性團體的特質適應不良，因此遭到一些阻礙。

三年來，江鵬堅默默地認眞扮演黨外公職的角色，他的努力並未得到相應的報償。但久而久之，他的優點已逐漸明朗。

組織台灣人權促進會是江鵬堅突破瓶頸的一個嘗試，試圖開闢自己貢獻黨外的路徑，但是最大的收穫，來自他立委任內的優異表現。

遵守「一屆立委」的諾言，也許是江鵬堅個人很困難的決定，但是退一步海闊天空，這個決定為黨外立下了典範，也大幅擴展他未來發展的領域。

〈**徘徊於體制邊緣——街頭運動的實驗者林正杰**〉說：

這位「吃台灣米長大的外省囝仔」，因理想與熱情而參與黨外，不久就以聰明才智而在歷次選戰中贏得重視，成為黨外新生代的領袖。

然而，林正杰後來逐漸和黨外新生代主流思想脫節，「改革體制論」是他最後一次和新生代站在一起，1983 年後援會之後，他成為與新生代關係最惡劣的公職人員。

林正杰的轉折變化，其實是他漠視政治理念的表現。這種漠視與想要立即整合的觀念很有關係，因為在立即整合的強烈願望下，政治理念似乎變成障礙。

圍繞在林正杰身邊的紛爭，最大的原因是將政治理念工具化，往往為了實現立即整合的願望，視他個人的需要，而發表一些互相衝突的見解。

「綠黨模式」是林正杰迄今最重要的政治主張，但仔細分析，他與黨外現狀有不短的距離，也很難解決黨外的問題。

一年半的監禁，對林正杰也許是暫時的休息，希望經由深入的思考，重新回到黨外的他，能為黨外找到更好的方向。

〈**從批判到實踐——黨外內部民主的推動者邱義仁**〉一文，訴說著：

邱義仁參與黨外的過程，是新生代參政的典型，求學、助選、思考理論、批評現狀這些新生代的特徵，都在他身上明顯地刻劃出來。

「批判康寧祥」是邱義仁改造黨外的第一步，發動「雞兔問題討論」則將批評矛頭擴及所有實力派人士，從其中，可以看出他對黨外路線的全幅圖像。

「籌組後援會五原則」是邱義仁有關黨外選舉組織的主張，「群眾政黨」則是他心目中的新黨模型，這是他有關黨外組織化的全面意見。

作爲理論批判者，邱義仁光明磊落，沒有什麼不良動機，但是要對黨外進行革命性的改造，只有動機純正的理論批判是不夠的。

做爲黨外推動者，邱義仁應該耐心地發展更周全的運動理論，提出積極的運動方向，才有可能使黨外的轉型順利且有力。

做爲實際參與者，邱義仁尤其需要考慮客觀的形勢，糾正自己的缺點，才能在層層現實中爲黨外新生代找到最能實踐理想的途徑。

〈**台灣最後一位政治紳士——郭雨新**〉敘述：

二十五年的省議員生涯，他以點點滴滴的服務，以及親切的態度，建立了目前黨外公職夢寐以求的群眾基礎，不過政黨制衡的意義並不明顯。

郭雨新信仰傳統的個人倫理，並不十分強調政治理念，所以他是國民黨眼中友善的對手，是幹部眼中和藹的家長，是群眾眼中親切的領袖。

因緣際會，後期的郭雨新，竟成為國民黨的政治敵手，這種發展，使士紳政治的脆弱性暴露無遺，但他卻感到疑惑與憂鬱。

郭雨新的第一個誤失，是離開省議員直接去參加監委間接選舉，因為他的政治基礎是廣大選民的支持，不是少數職業政客的承諾。

郭雨新的第二個誤失是離開台灣，使自己暴露在完全陌生的環境之中，產生嚴重的適應不良。對一位政治領袖而言，這是極不幸的結局。

郭雨新的一生，就是台灣政治變遷的縮影，他代表最優良的傳統，因此能催生新生代，最後並一度蛻變為新生代的一份子。

〈**拿鋤頭革命的人——「回歸祖國」的黃順興**〉說：

由於對運動者的角色的定位錯誤，黃順興像一顆誤置的棋子，對群眾沒有啓發性，對黨外同志缺乏親和力，退隱田園似乎是必然的結局。

許多人說他是左派，這可能是一個誤會，他其實不具左派的要件，離左派主流極其遙遠。勉強歸類，他算是社會主義裡的民粹派。

他贊成統一，就像贊成兒子認同父親一樣，他的社會主義同樣樸素，正因如此，他對兩者之間的矛盾，提不出一套解釋。

黃順興的大陸之行，是他對個人理想的交待，但它不是一幕落葉歸根的戲劇，也不會是引起政治震撼的事件。

〈**躍出水面的鬥魚——「回台入黨」的許信良**〉道：

早期的許信良，非常仰慕「有輝煌歷史的中國國民黨」，也得到國民黨栽培出國留學，但他實在不是當黨工幹部的料子。

1977 年的桃園縣長選戰，對民主運動最大的意義是選舉戰略、幹部動員、宣傳技巧等，都有全新的面貌，使黨外邁入宣傳戰的優勢。

由於有政治知識及國民黨經驗，又是身爲縣長，使許信良擅長謀略的優點充分發揮，迅速攀升爲黨外領袖，魅力越形加強。

在許信良影響下，「桃園幫」幹部個個能征善戰，但黨外意識卻不清晰，因此一旦內部安排不均，便產生舊友內鬥的危機。

許信良把社會主義懸爲未來的理想，把資本主義列爲眼前的必要之惡。他認爲將來有機會，應該組織「台灣工農黨」，爲下階層民眾爭權益。

許信良最感難過的，是離開了群眾、同志與政敵。他像一隻離開水面的鬥魚，一心想回台灣，「與其在地上渴死，寧願在水中鬥死」。

作者簡介

劉守成，1951 年生於宜蘭，輔仁大學哲學研究所碩士。曾任《八十年代雜誌》執行主編、《噶瑪蘭雜誌》總編輯、黨外編聯會紀律委員、副會長、總幹事、民進黨宜蘭縣黨部主委、民進黨第五屆中常委、台灣省議員（1989～1997）、宜蘭縣長（1997～2005）、考試院保訓會主委。妻子田秋堇為現任監委。

18.《台灣之將來——學術論文集》

吳昱輝編　新台政論雜誌社　1986 年 12 月初版

1983 年，中共在北京的香山飯店召開「台灣之將來」學術討論會，除了中國大陸的學者外，中共當局也邀請旅居海外的台灣籍學者與會，本書即以參加是項會議的台灣籍學者所提出的學術論文為主要藍本編輯而成。

由吳昱輝編輯《台灣之將來》一書，於 1986 年 12 月初版，12 月 15 日即被警總查禁。

值得注意的是，這個會議促成海內外學者共聚一堂探討「台灣之將來」的風氣，海峽兩岸在 83 年以後幾乎年年都有類似的會議。從歷次會議及與會者發表的論文報告，我們清楚地知道，「台灣之將來」討論的範疇，無法

脫離政治、歷史、外交、經濟、軍事及文化的層面，本書對於軍事與文化的探討付之闕如，是美中不足之處，但收錄的十一篇論文，無疑地是相關類科的佼佼者，每篇論文的寫作均極嚴謹，分析客觀而深入，見解獨到而充滿智慧，尤其每篇論文後面都附有詳盡註解，方便讀者做進一步的研究。

《台灣之將來——學術論文集》編者序言 1986.11.10.

《台灣之將來——學術論文集》新書剛在 12 月初上市，警備總部隨即在數日後下達查禁令，引發全台人民忙著搶購書籍，查緝人員忙著查扣書籍的風潮，查禁函如下：

台灣警備總司令部 75.12.15.（75）劍佳字第 5375 號函
主旨：新台叢書 1《台灣之將來——學術論文集》一書，依法查禁，請照辦！
說明：
一、該書部分內容，嚴重不妥，核已違反〈台灣地區戒嚴時期出版物管制辦法〉第三條第五款「違背反共國策」、第六款「淆亂視聽足以影響民心士氣」之規定，依同辦法第八條扣押其出版物。
二、依〈戒嚴法〉第十一條第一款、第八款及前開之規定，爲扣押該出版物，對於建築物、船舶及認爲情形可疑之住宅，得施行檢查。
三、請轉知所屬有關單位，依法檢扣報繳。
總司令　陸軍二級上將　陳守山

筆者借用邱垂亮教授在本書附錄的〈**靠在政治邊緣的「台灣之未來」學術討論會**〉報導文章（原載《暖流》月刊第15期， 1983年9月15日）來加以探討：

日期：1983年8月9日至12日
地點：北京香山飯店
參與海外學者及所提論文：
田弘茂（美國威斯康辛大學）：〈現代化與台灣的政治發展〉
林宗光（美國愛荷華大學）：〈國際關係與台灣之將來〉
邱垂亮（澳洲昆士蘭大學）：〈一九八三年台灣的黨外的路線鬥爭〉
范良信（美國科羅拉多大學）：〈台灣作爲一個新興工業社會的經濟前景〉
翁松燃（香港中文大學）：〈台灣和國際體育政治〉
張宗鼎（西德經濟統計研究所）：〈台灣產業結構與國際依賴關係〉
郭煥圭（加拿大西蒙．弗雷澤大學）：〈美國外交與台灣的被割讓（1894～95）：國際政治的歷史與現實〉
劉進慶（日本東京經濟大學）：〈台灣經濟的發展與展望〉
蕭欣義（加拿大維多利亞大學）：〈祖國臍帶誰剪斷？——中台關係史的回顧〉

海外九位台灣學者的這九篇論文，完全是不謀而合地，在學術性、理論性、重點性、質量、方法、推論各方面，都和大陸學者的論文背道而馳，走的方向相反，得到的結論也相反。正如劉進慶忍不住評論的——陰陽錯怪，中國大陸的學者，在台灣問題的研討上，好像基本上是採取「唯心論」的認識論的立論點，而海外學者反而是就事論事，實事求是地採取「唯物論」的認識論的立論點。

蕭欣義的〈**祖國臍帶誰剪斷？**〉一文，從《三國志》、《吳主傳》和《隋書》，到乾隆版的《大清一統志》，歷史事實證明「台灣自古不屬於中國」。蕭欣義一針見血地刺破「台灣自古就是中國不可分割的一部分」。

蕭的文章最使人興趣的一點是，1943 年以前國民黨多次主張台灣自治或獨立。而中共在 1928 年以後也曾多次主張「台灣民族獨立，建立台灣共和國」，包括 1938 年 10 月毛澤東在中共中央政治局的報告，鼓勵「朝鮮、台灣等被壓迫民族」爭取獨立，和周恩來 1941 年 6 月的文章，支持包括台灣人在內的民族獨立運動。

蕭文的結論：

一、「中台之間的政治期待並不悠久，也不強固。統一台灣的理論基礎，似乎不能從『自古就是中國的神聖領土』這一個假設做出發點。」

二、「我們看出在二十世紀切斷中、台的祖國臍帶的人，並不限於今日普受譴責的『帝國主義陰謀家』和『叛宗背祖』的漢奸。事實上，一生獻身中國獨立自主的愛國人士，正有很多人曾經鼓勵祖國臍帶的切斷。在他們看來，獨立自主的台灣如與中國爲敵，當然是很可悲的事。但如與中國爲友，互相合作，則對中國的權益，是利多弊少。」

郭煥圭和林宗光的論文談錯綜複雜國際政治中的台灣地位。他們第一個想傳達的論點是：「有史以來，中、日、美，都把台灣當作『化外之地、之民』、殖民地、經濟或軍事『前哨站』看待，『神聖領土的一部分』事實上是騙人的話。所以，需要的時候，台灣一定是國際權勢政治的犧牲品。」

第二個論點，是郭、林兩教授都認爲：「在半個多世紀的國共兩黨政權鬥爭中，台灣只是政治籌碼，台灣人民的基本權利和利益一再被忽視、被壓制。國民黨三十多年來專制獨裁統治台灣，不讓台灣人民當家作主。反觀中共也是一黨專政，社會主義一窮二白，更有相互鬥爭、血跡斑斑地不斷革命，對台灣人更是一個可怕的『祖國』、一個不能接受的選擇餘地。」

從 1895 年的「台灣民主國」開始，台灣成爲獨立的國家意念，斷斷續續出現在台灣問題的爭論解決方案範圍裡面。林宗光除了認爲台灣的人口、經濟成爲一個獨立國家外，還認爲台獨可以促進遠東和世界的和平，甚至可以符合中國的國家利益。

翁松燃的〈**台灣和國際體育政治**〉一文，似乎是離開政治邊緣最遠的「非常學術性」的論文。而在宣讀討論後，則令人被其主題理論所吸引，翁松燃的理論發現可能是台灣前途問題的一個突破點。他論述：

「北京和台北的立場都在轉變。1952 年台北方面因爲反對『兩個中國』模式，雖保有『中國奧委會』之名稱也不惜退出第十五屆奧運會。到了 1960 年雖被迫改爲『台灣—中華民國奧委會』卻予以接受。1968 年『正名』爲『中華民國奧委會』時更沾沾自喜，似乎再不以爲『兩個中國』論應予拒絕。及至 1981 年，爲情勢所迫而以『中華台北奧委會』爲名重新入國際奧委會時，對北京方面擁有『中國奧委會』名稱，可以使用『中華人民共和國』國旗之事實，更無一聲抗議，其委曲求全之狀，甚是明顯。

北京方面，1952 年曾不顧國際奧委會『兩個中國』並予以認可的決議，派出代表團與台北方面鬥智，爭一日之短長。此後 1956 年退出第 16 屆奧委會，1958 年與國際奧委會斷絕關係都是對『兩個中國』作法的抗議。可是 1979 年，北京自己提出了一個折衷方案（名古屋決議），只要台灣方面在形式上接受『中國台北奧委會』的名稱，不使用『中華民國』的名稱、國旗和國歌，則北京不但不反對台灣在實質上分派獨立的代表隊參加奧運會，還要歡迎之。」

從後來中國大陸的學者反應看來，他們都對翁松燃的論文產生了濃厚的興趣。

劉進慶、張宗鼎、范良信的三篇台灣經濟論文，均是學術研究的傑作。尤其劉進慶的〈**從中樞衛星關係的觀點看台灣政治經濟的演變與展望**〉，研究範圍的廣度與深度、運用資材之多與全、分析解說之細密、論點看法之嚴謹與創新，呈現其學術作品功力之高超，這已不是中國學者過分政治掛帥及受限於馬列毛思想框框內的學術作品可以媲美的。

三位經濟學家對台灣三十多年來的經濟發展對美、日的依賴性、所得分配不均、軍費的負擔過高、廉價勞工密集加工廠的經濟體制，人才外流、工業升級不易等問題都有深入分析和嚴厲批評，他們以爲目前台灣資本主義經濟雖有困難，但還是可以解決困難繼續成長發展下去。

劉的論文有兩點特別值得介紹：

一是台灣出口型的經濟制度從清朝時代開始即如此，並非起始於 1949 年以後。

二是他的「中樞（美、日）衛星（台灣、新加坡、南韓）」的國際經濟關係，與傳統的「殖民地主義」或「新殖民地主義」經濟關係，有基本理論與實際經濟關係的區別。而「相互依賴」很可能是這種政治經濟關係的較合理的發展趨勢和結果。

田弘茂和邱垂亮的台灣政治現代化和黨外多元化兩篇論文，學術性較爲單薄，卻不謀而合地點出中國學者認識最不足、偏見最多、最不願承認的一點。那就是：因爲經濟高速發展而帶動的政治社會現代化，台灣政治發展已有了某種程度的民主現代化的結果。

蕭欣義的〈**擬議中的「特別行政區」行得通嗎？**〉與

〈脫落了的祖國臍帶何必強行黏接？——中台關係的前景〉，這兩篇文章是蕭欣義延續書內〈祖國臍帶誰剪斷？〉的後續相關文章，編者遂將之納入，讓讀者可以更深入瞭解蕭欣義教授的想法。

＊真多謝邱垂亮教授（1938 ~ 2021.03.12.）對台灣民主化的付出與貢獻，願他安息！

作者簡介

吳昱輝，1957 年生於高雄縣，戒嚴時期曾任《八十年代》系列雜誌編輯、《台灣年代》主編、《新路線》總編輯，後返高雄創辦《新台政論雜誌》及《南冠出版社》發行人，曾任高雄市第三屆市議員（民進黨籍），因議會質詢傷害案官司，遭判刑四個月，不得易科罰金及緩刑，更遭到解除議員職務。編輯與著作作品有《台灣之將來——學術論文集》、《面對危機的台灣》、《放膽文章拼命郎》、《愛拚才會贏》、《理直氣壯》、《一步一腳印——吳昱輝大寮獄中日記》等書。

19.《苦悶的台灣》

王育德著　鄭南榕發行　1986 年 12 月初版

《苦悶的台灣》原就爲台灣同胞而寫。我眞正的心願是讓台灣人閱讀，一起來爲台灣的前途設想。

正如本書日文版原序中所述，本書的特色在於頭一次站在台灣人的立場概觀台灣四百年的歷史，並非在於探討零碎的史實，更談不上包羅無遺。

統治者唯恐台灣人關心自己的歷史，常施加有形或無形的壓力。禁忌並不限於歷史方面，有助於鼓舞台灣人自覺的事物完全不准思考，禁止發表。其間的空白補之以統治者事先預備好的一套思想體系。反對者不是死就是整肅。

台灣屬於台灣人，只有台灣人才是台灣眞正的主人；合理解決台灣問題才能對世界和平有所貢獻——我所講的只是極爲單純的事實。但是這些話統治者並不中聽。統治者爲了自己的方便而歪曲歷史，利用權力與財力向全世界誇大被歪曲的歷史。但我相信眞理只有一個，獲勝的一定是眞理。

現在我願意透過本書向各位細說我們祖先的點點滴滴。

王育德，《苦悶的台灣》中文版序與日文版序

《苦悶的台灣》日文版於 1964 年 1 月由東京弘文堂出版發行，六年後 1970 年王育德先生再補寫〈第八章　從六十年代步入七十年代〉，以補充修訂版繼續發行，到 1979 年 5 月日文版在 15 年內印了十版，銷售四萬冊。而《苦悶的台灣》華文版是 1978 年由他的學生黃國彥（東吳大學教授，已退休）花費半年翻譯，王先生再花兩個月時間校閱，完成編輯作業，並在 1979 年在東京正式出版。

王育德先生的《苦悶的台灣》華文首版，由鄭南榕於 1986 年 12 月在台發行，12 月 22 日即被查禁。

鄭南榕先生在 1986 年 12 月，將在東京版的華文版翻印在台灣發行，數日後，警備總部發出如下的查禁公函：

台灣警備總司令部 75.12.22.（75）劍佳字第 6090 號函
主旨：自由時代系列叢書第 9 號《苦悶的台灣》一書，內容不妥，依法查禁，請照辦！
說明：
一、由鄭南榕發行，王育德著作之該書，核已違反〈台灣地區戒嚴時期出版物管制辦法〉第三條第三款「為共匪宣傳」、第四款「詆譭國家元首」、第六款「淆亂視聽足以影響民心士氣」、第七款「挑撥政府與人民情感」之規定，依同辦法第八條扣押其出版物。

二、依〈戒嚴法〉第十一條第一款、第八款及前開之規定，爲扣押該出版物，對於建築物、船舶及認爲情形可疑之住宅，得施行檢查。

三、請轉知所屬協調有關單位，依法檢扣報繳。

總司令　陸軍二級上將　陳守山

鄭南榕發行《苦悶的台灣》是王育德先生作品回歸故鄉的第一本書，隨即遭到查禁。解嚴之後的 1993 年，自立報系再度印行《苦悶的台灣》發行全台；1999 年草根出版社（前衛出版關係企業），一口氣出版《苦悶的台灣》、《台灣海峽》、《台語入門》、《台語初級》、《台灣話講座》等五冊；2002 年，前衛出版社再將《王育德全集》十五冊一次完整出版。王育德紀念館也在 2019 年 4 月 9 日正式於他的故鄉台南市故居落成開幕。

《台灣海峽》台灣首版，1999 年 4 月由草根出版發行。

〈**序章　風雲詭譎的台灣**〉談到：

不論「反攻大陸」或「解放台灣」，都是以「一個中國」爲前提，所以台灣的命運歸根還是掌握在蔣介石和毛澤東的手中，最後還是會當作「中國的內政問題」解決——這個想法已成爲一般的常識。

〈**第一章　命運曲折的島嶼**〉敘述：

現在的台灣人把自己的鄉土稱爲台灣，把自己叫做台灣人，只有無限的眷戀之感，毫無自卑感。

Tai-oan的出現是明代周嬰（1426～1522）的《東蕃記》所載「台員」開始；而「台灣」兩字在萬曆年間（1573～1620）才成爲慣用語。它起初是指一鯤身而已，在荷蘭時代直到鄭氏時代仍不脫以台南爲中心的狹窄範圍，後來慢慢擴大到成爲全島。

當時出現的人物是海盜顏思齊、鄭芝龍、林道乾等人。他們目標在建立台灣海峽的制海權，博取通商貿易的鉅利。倭寇是騷擾中國大陸沿岸的日本海盜，明朝一方面積極討剿，一方面消極禁止人民出海，不准從事海外貿易，下令放棄離島。洪武年間強迫澎湖島民撤離，是中國政府對台灣人歧視壓迫的歷史開端。

〈**第二章　不完全的新天地——荷蘭時代**〉說明：

資本主義時代的殖民地，除了作爲本國的原料供應地外，更重要的意義就是作爲消費市場；其所採取的政策是不斷投下龐大資本，積極進行開發，採取殺雞取卵的方式，殘忍進行貪婪地掠奪和濫捕。荷蘭人把台灣當成對日本及中國貿易的中途站。最後一任荷蘭長官揆一王著有《被遺誤的台灣》一書，說明放棄台灣的始末。

〈**第三章　國姓爺的明暗兩面——鄭氏時代**〉細說：

鄭成功驅逐荷蘭人，成爲台灣的統治者，不論中共或國民政府，在今天都歌頌他是「民族英雄」。在中共來講，鄭成功是把台灣從夷狄手中「解放」出來的英雄；在國民政府來講，鄭成功是「反攻大陸」的精神上的化身。

在台灣人的歷史上，鄭成功個人的吸引力和他所建立的鄭氏政權的本質完全是兩回事，這一點必須瞭解。和國民政府一樣，對於鄭氏政權來說，「反攻大陸」成功的可能性連萬分之一都沒有。他們唯一的生路就是和土著的台灣人攜手合作，在台灣建設新的國家。

〈**第四章　血汗的累積——清朝時代**〉讓我們知道：

從台灣人的立場觀之，清朝時代的歷史，可以說是移民如何一面反抗清朝的隔離政策，一面擴大自己力量的過程。

逼使清朝不得不轉而積極經營台灣的，是 1874 年日本西鄉從道的所謂征台之役，清朝在此之前長達一百九十年的隔離政策，是把移民（偷渡者）放置在活也無法活，死也死不了的環境之中。他們冒著危險奔向台灣，是因爲他們在中國大陸無法維生，到台灣找活路，實際上也因此找到活路。

伊能嘉矩在《台灣文化志》上卷中一語道破：「清朝兩百餘年的統治，實際上就是對移民叛亂的鎮壓和漫無計劃的安撫工作的歷史。」如俗諺所言「三年小反五年大反」，以林爽文叛亂爲分水嶺，大致可分兩期，前期提出政治目的，以復明爲口號；後期則具濃厚經濟意義。

台灣人把大陸叫做「唐山」，把來自大陸的旅客叫「唐山人」，這些稱呼一方面帶有一種漠然的懷念，一方面包含著對異鄉人的戒心，如同俗諺「唐山客對半說」、「虎在唐山」等。

〈**第五章　只剩下台灣人——台灣民主國**〉提示：

台灣民主國的建立，是由留在台灣想混水摸魚撈油水的清廷官吏，和想要死守既得權益的丘逢甲等大租戶兼讀書人階級所串演的一齣戲，唐景崧只是個傀儡。

日軍登陸台灣之後，清廷官吏能溜則溜，兵勇能搶則搶，荼毒台灣人；奮起反抗日軍則是出於自我防衛原始本能及帶有中華色彩的對日反感的台灣人，因爲「生爲台灣人，死爲台灣鬼」是他們的唯一立場。

〈**第六章　近代化的漩渦中——日據時代**〉知曉：

日本用五十一年的時間孜孜經營，把台灣建設成幾乎十全十美的資本主義殖民地。由總理大臣任命的台灣總督，有權制定施行和法律具有同樣效力的律令（六三法），能隨便任免司法官，是十足的「台灣皇帝」。

日本治台五十一年間，更換了十九位總督，可劃分為：

前期武官總督時代：從第一任樺山資紀～第七任明石元二郎（1895.5.～1919.10.），以鎮壓台灣人的武力抵抗和歸順蕃人為任務，同時想要奠定開發台灣的基礎。

文官總督時代：第八任田健治郎～第十六任中川健藏（1919.10.～1936.9.），一方面應付取代武力抵抗而崛起的台灣人政治運動，一方面則配合日本國內的政黨政治。

後期武官總督時代：由第十七任小林躋造～第十九任安藤利吉（1936.9.～1945.10.），是因應中日戰爭擴展為太平洋戰爭的需要，把台灣當作南方作戰基地，進行整備。

日本統治台灣，取法於法國統治阿爾及利亞的方式，最後目標在於使居民的風俗習慣、語言徹底同化於本國。台灣人就這樣被強迫投入近代社會，不管願意與否，享受近代化的恩惠。當然，日本從台灣得到的利益，數目龐大到難以估計。

台灣人的抗日運動，可分為武力抵抗和政治鬥爭兩期。武力抵抗從 1895 年台灣民主國保衛戰到 1915 年的西來庵事件為止，約二十年。政治鬥爭則從 1914 年 12 月台灣同化會成立到日本戰敗為止，約三十年。

台灣同化會的宗旨就是主張台灣人應該向日本人同化，日本人應該給予台灣人平等的權利。台灣人對於同化會的熱烈反應，總督府頗為震驚，遂於 1915 年解散同化會。

1920 年 3 月，一群留日學生在東京組織「新民會」，推選林獻堂為會長，發行《台灣青年》月刊，啟蒙民智，並在 1921 年推動設立台灣議會的請願運動，至 1934 年間向帝國議會提出十多次請願。

1921 年 10 月，台灣文化協會在台北成立。蔣渭水在起草的宣言中說：「我們台灣人媒介中日親善，策劃亞細亞民族聯盟的動機，乃是具有帶來人類最大幸福——世界和平的使命。直率地說，台灣人掌握著可以帶來世界和平的第一道關門的鑰匙。這實在是有意義而重大的使命。……本會的設立就是爲了培養能夠完成這個使命的人才。」

總督府眼見文化協會在全島設立讀報所、舉辦文化演講、巡迴上演戲劇電影、開辦暑期補習班、推行羅馬字普及運動，旋即對文協幹部在工作、經濟上施壓。並對部分會員轉移至東京成立「台灣議會促成同盟」（1923.2.），則以違反治安警察法爲由迫其解散，而造成「治警事件」。

隨後農民組合成立，造成文協分裂，蔣渭水等人成立「台灣民眾黨」，因內部左右傾軋，加上總督府施壓，到 1931 年 2 月被下令解散。1931 年 8 月，右派再組「台灣自治聯盟」，直到 1937 年 7 月中日戰爭爆發後即自動解散。

台共創始人是謝雪紅（謝阿女，1901～1970），她和林木順在 1927 年 11 月接到共產國際籌組台灣共產黨的指令，返日接受日共指導，擬定台共的組織綱領、政治綱領草案，於 1928 年 4 月在上海法租界成立台灣共產黨，成員有林日高、林木順、蔡孝乾、侯朝宗（劉啓光）、莊春火、謝雪紅、翁澤生等人，隨即派林日高等人返台運動，但留在上海台共黨員亦遭逮捕，押回台灣，謝、林、蔡三人巧言搪塞而釋放，其餘都遭判處一～二年徒刑。直到 1931 年 6 月，總督府在島內逮捕謝雪紅等一百零八名台共關係者。陳崑崙、簡吉等倖免被捕者，於 8 月開始重新建黨，因事機洩漏，11 月再遭逮捕九十一人，台共終告全面瓦解。

不知道這是幸運或不幸，台灣人由於日語和日本文化而從封建社會蛻變到現代社會，因此日語似乎可以說給台灣人帶來相當大的質變。這是王育德留下的感慨。

〈第七章　和中國人全面針鋒相對——國民政府時代（1945~1963）〉顯示：

二戰結束，台灣人歡天喜地，情況熱烈的程度使日本人慨歎皇民化運動只是一場夢幻，使中國人產生怯意。經由作者分析其複雜的深層心理是：「第一層是單純的喜悅——不論是勝是敗，總之戰爭已經結束。第二層的喜悅是五十年來的統治者被打倒，隸屬關係宣告解除。第三層的喜悅是中國打敗日本把自己解放出來。第四層喜悅是今後大概能在中國的政治圈子內行使平等的政治權利。」

然而，中國人在不到一年半的短短期間，把台灣搞得烏煙瘴氣。台灣人雖鄙視日本人，罵他們是「狗」，「狗」雖然會叫，但也會看門；而中國人是「豬」，「豬」只會吃，是一無可取。

「二二八事件」乃是 2 月 27 日晚緝私人員因追緝私菸，毆打販賣私菸老婦人，對抗議的人群開槍殺人的事情。孰料卻引燃台灣人一年多來蓄積的不滿，加以前往長官公署陳情，卻遭機關槍掃射，群眾遂焚燒中國人商店、毆打中國人、接收各地政府機關及公營企業，更組織二二八處理委員會。陳儀因兵力不足，事出突然而狼狽不堪，遂不得不僞裝和台灣人妥協姿態，令處理委員會陷入和平解決的幻想，壓制武力抗爭派，擺出居間調停姿態。但陳儀已向蔣介石報告情況，請求派兵支援，蔣介石下令鎮壓。中國援軍一到，展開瘋狂殺戮，陳儀隨即全島戒嚴，命令解散所有民間團體，透過「半山」林頂立、連震東、劉啓光等人檢舉，開始大舉逮捕相關人士。

二二八叛亂，是給台灣人和中國人的關係帶來決定性作用的大事件。台灣人在這個過程中，十足體會到中國人的狡猾、卑鄙與殘忍。隨後而來的「清鄉」政策，使台灣人只能閉嘴，以免惹禍上身。

蔣介石在國共內戰中「打輸跑贏」地流亡台灣，開始以「寄生」方式統治台灣。他們所進行的第一步工作是大規模的鐵血鎮壓，從 1949～1951 年，蔣經國的特務逮捕殺害數千名台灣青年，他們爲了逮捕一個反抗者，寧可錯殺一百個可疑份子。這種「白色恐怖」延續至解嚴後才告終。

蔣家政權眼見「白色恐怖」有效，繼之使出「懷柔」手段，開始驅使「軟骨頭」的台灣人爲其所用，來欺壓善良的台灣人。

蔣政權流亡台灣後，開始實施土地改革，台灣的大地主經歷「三七五減租」、「公地放領」、「耕者有其田」已所剩無幾，蔣政權成爲唯一大地主。它的糧政目的是「增加生產」和「安定米價」，這是爲了養活數目龐大的軍隊與公務員，而強迫農民犧牲。

雷震的《自由中國》半月刊，本著「反共擁蔣」的想法創刊，但是蔣家父子在獲得美國支持援助，台海風雲逐漸穩定後，越趨獨裁專制；秉持「民主、自由」理念的雷震與蔣氏父子漸行漸遠，國策顧問遭撤銷，黨籍被開除。雷震卻仍苦口婆心勸誡，他的好意在蔣氏父子眼中是「中共同路人」，直到他聯合在野黨與台籍無黨人士，準備組建「中國民主黨」時，在 1960 年 9 月 4 日將之逮捕下獄，蔣介石欽定他十年徒刑，《自由中國》關門。這只顯示蔣介石個人對民主改革氣度之狹窄。

〈第八章　從六十年代步入七十年代——1964 年～〉告訴我們：

1964 年 10 月 23 日，警備總司令部宣布彭明敏、謝聰敏、魏廷朝三人，因叛亂罪嫌逮捕。事實上，他們三人早在一個月前的 9 月 20 日遭到逮捕。因爲他們起草印刷〈台灣自救運動宣言〉，開頭即明言「一個中國、一個台灣」已經是不可爭辯的事實，正面否定國府所倡言的「正統中國」的主張，結語說：

「多少年來，中國只有兩個是非，一個是極右的國民黨的是非，一個是極左的共產黨的是非。眞正的知識反而不能發揮力量。我們要擺脫這兩個是非的枷鎖。我們更要放棄對這個政權的依賴心理，在國民黨與共產黨之外，從台灣選擇第三條路——自救的途徑。」

1965 年 4 月 2 日，軍事法庭宣判謝聰敏十年、彭明敏及魏廷朝各八年徒刑；國際社會仍然強烈譴責「彈壓言論自由，不合人道的壓迫」，蔣介石只好在 11 月「特赦」彭明敏，謝、魏兩人刑期減半。彭遭釋放後，不能回校任教，處於「半軟禁」狀態。他在 1970 年 1 月初經國外友人幫助，由松山機場潛往瑞典，後轉赴美國，繼續推動獨立運動。

1970 年 4 月 24 日，蔣經國赴美，在紐約的飯店遭台獨聯盟同志黃文雄和鄭自才兩人行刺未成，消息傳出震驚世界。

〈**終章　台灣的獨立**〉提醒我們：

所謂台灣人的歷史就是台灣人在台灣尋求自己的自由和幸福的新天地，做殊死鬥爭的過程，而台灣的現實距離他們的理想非常遙遠。

我們相信，只要扎下自由主義和民主主義的深根，一定能建立安定的台灣。

等到台灣人能夠自己承擔起這個重任，理想國才能成為現實。

《王育德全集》十五冊，於 2002 年由前衛出版發行。

作者簡介

王育德（1924～1985.9.9.），台南人，東京大學文學博士。明治大學教授。國際台語研究權威、戰後台獨運動重要領袖、日本「台灣青年社」及機關刊物《台灣青年》創辦者。主要作品有：《王育德全集》十五冊（內含《苦悶的台灣》、《台灣海峽》等。）

20.《重塑台灣的心靈》

謝里法著　自由時代出版社　1988 年 7 月初版

台灣人的歷史意識，是依照台灣歷史發展的軌跡而建立起來的。台灣人的自主、自救意識，也是通過先人的頓挫經驗而提煉出來的。謝里法會寫出那篇文章（指〈從二二八事件看台灣知識份子的歷史盲點〉），乃是在沉痛反省之後留下的證言。圍剿他的正人君子，完全離開台灣的歷史事實來發洩他們的情緒；彷彿情緒得到解放，就可恢復中華民族的信心。陳列在上面的文章題目是一張荒蕪的成績單，是走了調的民族主義，足夠讓後人憑弔。

文化工作是寂寞的，因爲這樣的工作往往不能看到立即的效果，因此也總是難以得到掌聲。但是，文化的成績單畢竟是要依賴累積。當政治運動的呼喊與掌聲沉寂時，文化的功能才會出現。謝里法寧可忍受寂寞，堅持他的台灣信念，他自奉甚薄，寧可把全副生命呈現給文化整理的工作。……然而，在潛移默化中，他已爲台灣年輕的美術工作者，奠下不少啓蒙的基礎。在政治掌聲零落之際，我們才發現他工作的成績竟是豐碩的。

陳芳明，本書序〈荒蕪與豐饒——寫在書前〉

《重塑台灣的心靈》一書，由自由時代出版社於 1988 年 7 月初版，9 月 10 日即遭查禁。

前衛版的《台灣心靈探索》，係《重塑台灣的心靈》的增訂新版。

台灣在 1987 年 7 月 15 日已經「解除戒嚴」，查禁書刊的任務由行政院新聞局引用「出版法」來執行：

台北市政府出版品行政處分書

77.9.10.（77）府新一字第 272746 號

出版事業名稱：自由時代出版社

登記證字號：局版台業字第 3573 號

發行人姓名：胡慧玲

住址：台北市民權東路 550 巷 3 弄 11 號 3 樓

處分事由：貴社發行「台灣文史叢刊 2」《重塑台灣

的心靈》一書（24開本，計261頁，謝里法著），內容〈拾回那個荒蕪的年代〉、〈從二二八事件看台灣知識份子的歷史盲點〉、〈論台灣人的土性與水性〉、〈塑造文化的造型〉、〈談中國的貪汙文化〉等多篇文字主張分離意識，鼓吹台獨思想，違反出版法規定，案經轉准行政院新聞局77.9.8.（77）銘版四字第12419號函核定，應予行政處分。

處分種類：定期停止發行一年（自77年9月12日至78年9月11日止），並同時扣押其出版品。

違反法律：違反出版法第三十二條第一款，依出版法第四十條第一、第三款及第三項之規定予以處分。

右列出版品經依法核定行政處分如上

市長　吳伯雄

《重塑台灣的心靈》是謝里法由文化、藝術的角度談台灣的書，本書收錄他的11篇文章，不料竟有近半的5篇犯了國民黨的大忌——**主張分離意識，鼓吹台獨思想**。所以，查禁及扣押出版品理所當然，對於喜愛購買禁書的朋友也很高興，因為又有新的購書目標。

〈拾回那個荒蕪的年代——一個留法學生的政治自白〉敘述：

作者從1964年3月16日由基隆港搭四川輪至香港，等候十天再搭法國郵輪「越南號」赴法國。在香港停留時，還特意到新界羅湖橋沙頭角去瞭望中國大陸，心生仰慕。他又因為好奇及愛發狂言，被同行的留學生小山東，向大使館打小報告說他是台獨又左傾。

抵達巴黎後，先和小山東同住學生宿舍，暑假找到一處房租便宜的小房間，課餘閱讀從友人處取回的《人民日報》、四處觀看免費的中國電影，同時也定期收到東京《台灣青年》刊物，加上在巴黎的自由思考及觀察，並親身參與1968年的巴黎學生運動。正因如此，他說道：

「大學未畢業之前，大家尋找的是出國的路；如今來到國外，尋找的卻是回國的路。二十年後的今天，才知道出國的路容易走，回國的路難行。

這條難行的路，在我這一生中毋寧說是台獨的路。」

就這樣一位充滿中國心、熱愛中國的青年，在海外自由民主國家接受獨立思考的啓蒙，自我內心的掙扎，終於蛻化成燦爛的蝴蝶。他如實地寫下：

「多年來，我始終不肯也不敢對既已塑造的台獨形象刻意去認同，因爲我認爲這不過是一般台灣人的共通形象。一個最普通的台灣人所有的最平凡的遭遇，本來並不值得大書特書，而今我寫出來不過是爲了自我反省，爲了替時代見證，爲了拾回那荒蕪的年代。」

〈從二二八事件看台灣知識份子的歷史盲點〉說：

追尋史書記載，明末以還台灣與中國的關係，無異在依賴與對立兩種情勢下發展過來。依賴的結果常使台灣蒙受屈辱與創傷；對立的結果則台灣必遭失敗而降服。兩種結果不論哪一種，對台灣都不是好結果。

從「光復」到「二二八」短短兩年間，台灣人嘗到了上述兩種後果。

先是憑過度的依賴心態，昧於「光復」與「祖國」的實質，去迎懷送抱，終導致無端的屈辱與創傷，惹起事變的發生。事變中雖是對立的局面，仍不免有依賴與妥協，一俟中國大軍壓境便又降服了。依賴與對立就像歷史的定律，從1945年到47年兩年之間，在台灣島上又重演了一次，使台灣人內心又加深一層的創痛。

或在有意無意之間，或在情急之下，台灣人似曾以依賴與對立之外尋找過第三條路。那就是事變中處理委員會提出的「三十二條要求」，反映出台灣民眾實施高度自治的訴求，想藉自治的局面而減低依賴和對立的繼續發生。在台灣這是第一次傳出對中國不信賴的訊息，是當時所能找到的自保之道。

中國人（梁啓超）對台灣人說：「三十年內我們幫不了你的忙，只好自己保護自己了」；日本人（後藤新平）對台灣人說：「只要聽話，保證你在八十年後有資格當日本人」；台灣人（蔣渭水）對中國人和日本人說：「我幫助你們變成好朋友，然後世界就和平了，人類就幸福了」。分析起來，中國人的話雖然無情，但很實在；日本人的話雖然蠻橫，但有實現的一天；台灣人的話是了不起的願望，卻要令人感嘆他的不自量力。

蔣渭水醫師是日本治台後期的政治運動家，在政治上是台灣民眾信服的人物，可惜對歷史文化的認識尚且有限，在他的歷史觀裡永遠不能認清什麼是中國的，什麼是台灣的。與其說知識份子善於對中國寄予鄉愁，不如說台灣人無法割除對大中國依賴的根性，屈辱與創痛於是成了必然的後果。

自古台灣島上三年一小反五年一大反，從抗清到反日，大小變亂不知多少回，人們如今都能忘懷。就只有「光復」所帶來的二二八事變，台灣人無法釋然。

過去在變亂中，波及全島致使人民犧牲上萬者不是沒有，只是這一次已不僅是表面看到的武力抗衡，它同時是文化的矛盾所激發的對立與衝突。因而台灣人受到的傷害是種族文化的壓制，其創痛深入內心，更影響至後來的幾代，這是「二二八」之痛在台灣人身上留存四十年始終不能化解的理由。

從文化的層面分析，衝突之所以產生，在於台灣社會近代化的法治觀念及中國統治者封建心態的不協調，及台灣都市近代化生活型態與中國人價值觀的矛盾，尤其是台灣新知識份子思想與中國文化的差異。當先進思想遭到外來舊文化的壓制時，反抗是無可避免的，這就是事變所以發生的潛在因素。

戰後台灣知識份子所做最大努力是推銷（或代購）中國

文化，他們不知道中國近代文化的一無是處，而古代文化也只供學者研究，對當今的社會已無實用價值。這批可憐的推銷員於「二二八」發生後不久，不是被關、慘死，就是逃亡，對文化工作者這是莫大的諷刺。四十年後的今天，他們的子孫只談政治而不談文化，大概也是這緣故吧！

「二二八」的犧牲太大了，後人若不知從挫敗與犧牲之後獲取教訓，重新振作，建立自我，不僅讓先民的血白流，也讓後代子孫繼續糾纏在舊情結之間，永無脫身的一日。在反省之後知道，只有靠自己的力爭取來的，才是眞正屬於自己的，誰也不可依賴；不依賴於人的台灣，必然是獨立的台灣，獨立的台灣，命運才是自己的。

〈塑造文化的造型——台灣的美　台灣的情　台灣的心〉一文，由作者和朋友爲了介紹台灣美術，共同製作一套配有音樂與旁白的幻燈片，在各地巡迴放映之後，經過修正，作者將之與當前熱門的政治運動始相互印證，漸漸摸索出一套對台灣歷史探討的方法；幫助作者追索島民意識的形成、評估史觀、塑造拓荒先民形象，來確立台灣文化造型。他認爲，只要有台灣的心、台灣的情，自然可以欣賞到台灣所特有的美。

台灣意識已大體形成的今天，回頭去看三百年前先民的渡海行爲，跨越黑水溝的抉擇，無異就是台灣意識萌芽的先兆，因爲渡海行爲本身則是完成做一個台灣人的過程。

檢驗四百年台灣史，誰是島上的大贏家？我認爲是從來不當主人的拿鋤頭耕地的一群。因此，史家所言「四百年來台灣人受外族統治者的欺壓」這句話必須重新考慮，更正確的說法應該是：受欺壓的族群以生產勞動受到土地挽留，終成爲島上的主人，因而才稱爲台灣人。台灣史是一群移民者的歷史，寫的是投入生產、融入土地的族群如何變成台灣人的過程。

當我們追索先民墾荒時的情景：一頂草笠、一根鋤頭，加上拓荒者強健有力的脊背，以這三個特色爲台灣島奠基者塑造初步的形象，也就是人在勞動生產中表現力的象徵。在這裡且試著找出兩種對照的形象：如果脊背可用以代表來台者的特徵，那留守家鄉代表則是懷抱了。若問那是什麼樣的懷抱？我想嘗過祖國懷抱滋味的台灣人，必然比誰都清楚，懷抱的意義莫非是擁有與滿足。人的脊背、牛的脊背、大地的脊背，三者結合而後體現出來的是移民者的性格，代表了移民文化的精神。

歷史的鏡子照出來的台灣命運，告訴我們屈辱與出賣的歷史事件只是政治的現象，是仰賴心理所得來的果；文化的錯覺而招致的扭曲與變貌，才是製造一連串歷史被拒的因。

只要你有一顆台灣的心，對自己的容貌必能生情，它出現在你眼中也必然是美的。將這些美的事物收拾組合，使之成爲完整的形象，那麼就是台灣文化的造型了。

〈談中國的「貪汙文化」——聽宋澤萊演講會的一點感想〉一文，是作者參加 1987 年 7 月 20 日作家宋澤萊在紐約台灣會館的〈台灣文化的展望〉演講的感想。

宋澤萊提到：「他們（中國）帶來的文化對台灣人而言當然也多半是壞文化。只是他們又同時把日本的壞文化掃除出去，這點不能說他們沒有功勞。關於中國人帶來的壞文化，其中最具代表性的就是貪汙文化。四十多年來這習俗已在台灣生根繁殖，成爲台灣文化的一部分。所以我們要推展台灣新文化，首先要做的就是將所有包括外來、本土的壞文化排出去。」

美國《中報》記者陳國坤提問，他以貪汙並非中國獨有，不應視爲文化，而只能視爲普遍人性，因爲時間有限，最終此問題便未能深入探討。

作者在回途時，把他自己想法稍加整理，遂寫下本文來和大家共同思考。作者以爲先要釐清人性與文化的關係。文化的形成，人性是條件之一，但人性的自然反映，並不能說就是文化。它必須落實爲民族習俗，才能成爲文化的一部分。

在國外，雖然也有貪汙，但是它的文化的道德標準會構成社會壓力，使得貪汙案會成爲社會全體指責的對象，因此社會道德壓力會成爲反貪汙文化。反觀中國社會，人們對貪汙行爲是司空見慣的事，它已經形成一種風氣，得到民間習俗的認同，在中國文化中生了根。宋澤萊已經看到這點，所以指出中國的貪汙文化，觀點是正確的，只可惜沒有足夠時間說明清楚。

中國古諺「書中自有顏如玉，書中自有黃金屋」，早已明講：在中國人心目中，做大官與賺大錢是一碼子事了。然而有人會問「不為五斗米折腰」，又如何解釋？

中國人對五斗米的官，居然也能擁有黃金屋的事，千年來皆視為是不成問題的問題，沒有人會追究那額外之財如何得來。中國人對此早已見怪不怪視為平常，甚至還說「人不為己，天誅地滅」，來同情做官之道，這不是中國文化的特色又是什麼！

中國民間習俗最受歡迎的話就是「升官發財」，尤其在官場過年時節彼此以悅耳的「升官發財」互相恭賀。為何「升官」與「發財」合為一談，倒是無人問其所以然。這種不問之道，謂之「道無道非常道」，乃是中華文化之最高境界。

陳儀當年初到台灣，曾以「三不」告誡台灣人，要求台灣人「不偷懶、不撒謊、不揩油」，純樸的台灣人居然聽不懂揩油是什麼意思，實乃中國的「化外之民」。

在台灣人民主運動的過程中，貪汙文化既將成為一種誘惑，也成為一種考驗，它很快會出現在我們自己管理自己的政治意願途中。要如何才能克服，把這原本屬於中國的歸還中國，將是今後我們必須嚴謹面對、審慎處理的課題。

經過 11 年後的 1999 年 11 月，前衛出版社在原有的內容上，加入作者陸續發表的〈**回味那已散的筵席**〉、〈**二二八童話**〉、〈**台灣新文化、新政治的再出發**〉、〈**垃圾美學**〉及作者的〈**重版序**〉五篇，書名改為《台灣心靈探索》再次發行，有意找來一讀的朋友，可以找出版社購書。

作者簡介

謝里法，1938 年生於台北大稻埕。畫家、藝術評論家、歷史學家。是一位彷彿獨行於台灣史沉暗的隧道中，不斷反芻、沉思台灣人的滄桑與悲歡，而切切於台灣的過去、現在與未來的台灣人。是一個融凝了藝術家的敏銳、史家的慧識與人子的衿懷，而擁抱整個時代的台灣心靈的探索者。出版作品有：《日據時代台灣美術運動史》、《美術書簡》、《藝術的冒險》、《紐約的藝術世界》、《台灣出土人物誌》、《紫色大稻埕》、《變色的年代》等書。

21.《二二八事件學術論文集》

陳芳明編　前衛出版社　1988 年 9 月 15 日初版

這本學術論文集，不能完全概括二二八事件的始末；但我們相信，這是我們研究二二八事件的一個新的出發點。以這種嚴肅的態度爲基礎，一份較爲完整的事件研究在日後將可誕生。因爲這個事件所牽涉的範圍極爲廣泛，我們還需要對當年的政治、經濟、社會的結構做深入的探討。況且，二二八事件的後續性與後遺症，仍然一直發展到一九五〇年代。所以，一部全面的、宏觀的歷史作品，將是台灣人民的共同期待。

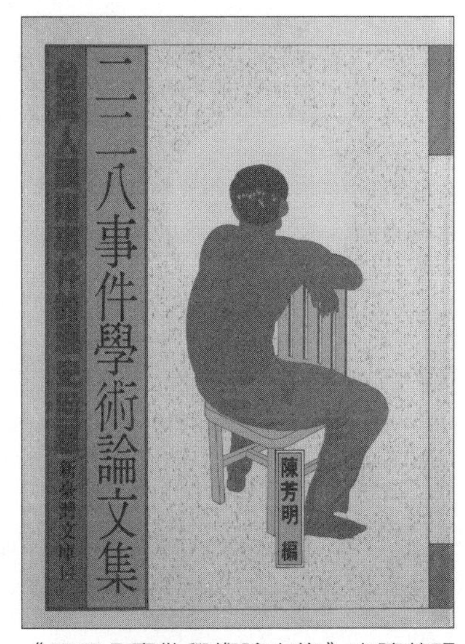

《二二八事件學術論文集》由陳芳明編輯，1988 年 9 月 15 日發行，1989 年 8 月始遭查禁。

我們不殫其煩，不辭辛勞地反覆討論二二八事件，並非只是爲了發抒情緒而已。台灣人的內心深處，總

是一再擔心同樣的事件會再度發生。因此，我們常常提到二二八事件，是爲了不讓歷史重演。在這本書出版時，我們必須再次提醒，一個不知尊重歷史、敬畏人民的民族，最後終於躲不過墮落、沉淪、滅亡的命運。台灣人不能不知道歷史，更不能不知道二二八事件。追求歷史的眞相，是一種義務，是一種責任，也是一種美德。

陳芳明，本書序〈爲了不讓歷史重演〉，1988.9.10.

〈**林茂生與二二八——他的處境與苦悶**〉是他的哲嗣林宗義在二二八發生四十年後的論文，他回憶道：

2 月 27 日，父親（林茂生）從《民報》報社很晚才回家，看來很憂慮。他希望這場與公賣局的衝突，不要引發更嚴重的暴動與混亂，因爲台灣人毫無準備。

孰料 2 月 28 日，民眾在燒完公賣局菸酒後，轉向長官公署請願時，卻遭到機關槍掃射，當場死了幾個人，更多的是輕重傷，人群急忙將傷患抬往台大醫院救治。公署開槍殺人事情一傳開，群情嘩然，混亂場面更加劇烈。在家晚餐後，茂生先生向兒子們用三個成語說了三個理由：

一、「朝內無臣」，在政府裡，沒有有力的支持者，沒有足夠影響力爲我們說話。

二、「身無寸鐵」，我們沒有武器。

三、「烏合之眾」，我們沒有組織或紀律，不能成爲有效的群眾。

3 月 1 日，「二二八事件處理委員會」成立，茂生先生受邀擔任委員，台灣各地已成無政府的混亂狀態，青年學子出面維持秩序，處委會與長官公署接觸與談判。

3月4日，作者問林茂生，林先生回答：處委會是「群龍無首」，台大是「秀才造反不成」。

3月5日，作者好友大瀨貴光教授（公共衛生專家，曾在中國待過），請作者轉告茂生先生不要留在家中，會有危險。作者搖頭，反對大瀨的看法，說：「他並無參加任何反政府的活動。」大瀨很正經地回答：「對中國人來說，由於他的社會影響力，他在報界與國際的聲望與關係，他是一位可畏的台灣人領袖。……告訴你父親留在其他地方，等事情全然過去。……你要記得，這個政府是軍閥政府。我們要看這個封建軍閥的眼色，他只在乎他的權力、貪婪與面子。經過了這次暴動與處委會，台灣人已經威脅到他的權力，也使他失去面子。他不會原諒全體台灣人的。他的報復一定是迅速、嚴酷，而且不容辯解。林醫師，爲了你自己，你們兩位都是我所尊敬的，也爲了台灣人！台灣非常需要你父親和你。」當晚稍後，作者將大瀨的話轉告茂生先生，他卻回答道：「那是沒有意義的。我一生又沒有做什麼非法或敗德的事。爲什麼我要藏起來？讓他們（特務）來好了，我會支走他們。」

3月8日，作者遇到大瀨教授，得知茂生先生仍然每日忙著公事，再次勸告說：「你父親一生都是誠實、正義的人，但他應該考慮政治黑暗的一面，也應該瞭解緊抓權力的政客與軍人之迫切。中國人尤其如此，在生死關頭，他們是殘酷無情的。在那種時刻，講理是不算數的，只有權力、武力或計謀才算。」

3月9日晚，作者和茂生先生在散步之時及之後，談了許多話，分別是：

第一，從政府或統治者與人民或台灣相反的角度看：

一、政府與中國人的態度與政策：

1. 他們是以征服者與統治者來到台灣的。

2. 中國統治者的封建觀念：統治者是萬能的，可以隨意控制天下的一切。

3. 對台灣人的偏見：台灣人必然是比中國統治者或中國人還劣等。在中國人眼光裡，每位台灣人生下來就有三個原罪：

(1) 台灣人是從前一無是處的移民後裔。

(2) 台灣人曾經被日本人打敗並統治過。

(3) 台灣人並不瞭解中國文化——他們甚至不會恰當說出或寫出中國話。

所以，在中國人眼裡，台灣人對政府的批評，並要求改變政策，實在是放肆而無可原諒。

二、台灣人失望的組成因素：

1. 對於變成一等公民的美好幻想。

2. 台灣人熱烈歡迎「祖國」人員，對他們的甜言蜜語照單全收。

3. 日人據台五十年，已經削減或拭去台灣人對中國社會、政治現實應有的警覺與瞭解。

第二，二二八事件的可能影響：

茂生先生告訴作者，他的思考與憂慮是：

一、中國人與台灣人之間的鴻溝擴大。

二、政府對台灣人的態度趨硬，政策會向右轉。

這兩種影響的結果，可能導致的不幸發展有：

1. 政府權力的加速集中，會絕對控制軍隊與警察；更會控制經濟政策與活動及教育政策。

2. 政治活動將全面升高鎮壓台灣人，使台灣人淪爲「二等公民的地位」。

3. 其他的文化、社會、宗教、教育等活動，甚至語言，日後都會受到政府控制。

三、台灣人會分裂成兩個團體：即勾結者與非勾結者。

四、政府會利用台灣人劃分派系的脾性，以政治或經濟報酬爲餌，分化各個派系。國民黨早努力在省籍界線操縱不同派系，台灣人要警覺宗派的危險性，才能有效團結，來對付可怕的新殖民當權者。

3 月 11 日早上，茂生先生遭到特務以台大校長有口信給他，跟隨他們離開家門，從此音訊渺茫，生死不知。

林宗光以〈**美國人眼中的二二八事件**〉爲題，理由是：

一、美國在二次大戰中是中國的盟友，與蔣介石政權關係頗深，對蔣家及其政權的性質相當瞭解；二、戰爭中對於台灣主權轉移這問題，美國曾有決定性的影響力；三、美日交戰之前，美國與日本有外交關係，且在台灣設有領事館，對日本治台情況有深刻的認識；四、十九世紀末葉，已有不少美國傳教士來台傳教，並與台灣人打成一片，學台語、辦學校、推西醫，對台灣人的習俗、文化及意向有一定瞭解；五、在事變中，西方人士中以美國人人數最多，其見證的文獻也最豐富。

作者綜合美國人觀察二二八事變的遠因有：

一、開羅會議中，盟國未經台灣人同意即將台灣「擲給」中國；二、美國之無政策的政策對台灣毫無關心，對蔣介石不願施以有效牽制；三、美國出賣了民主、自決原則，但給台灣人帶來一種虛幻的期待；四、中國將一批自私、腐敗，曾在福建作威作福的浙江系官員派至台灣統治；五、中國特務在戰後立即著手情報蒐集，刻意敲詐、剝削台灣；六、台灣人猶沉醉於幻想，只知烏雲罩頂，卻未採取有效對策。

《中國白皮書》指出，陳儀在 1947 年年初做了三件凝聚台灣人的不滿和憤憤的情緒：首先是將在台灣行憲日期延至兩年後的 1949 年 12 月才施行，此舉引發台灣人的失望。其次，長官公署宣布將在 1947 年 2 月 1 日開始拍賣日本人的房地產，更引起台灣中低階層人士的不滿，因爲這些房地產是日本人由台灣人手中半強迫奪取的，本就屬於台灣人的財產。再次，長官公署於 2 月 14 日又宣布一系列對財政及貿易壟斷管制。明顯的是中國要全面控制台灣經濟，將台灣資產及民脂民膏投入國共內戰之中。

中國人之政治歧視、壓迫及經濟掠奪卻比日本殖民政權更厲害，因而台灣人的失望也就更難忍受，無庸置疑，這種心理因素是激發「二二八」的主要原因之一。

這些國際人士目睹的例子，很清楚地顯示：中國人紀律差，物質文明低，且文化程度落後，與台灣人熟知的清潔成性、講衛生、守紀律的日本人無法相比。由這個「落後的」、腐敗的中國集團來統治已經「進步的」台灣必然會產生問題，理由是很淺顯易懂的。

在美國人眼中的二二八事件不是偶發或是單純、孤立的事變；而是經過十四個月陳儀政府的壓迫、剝削，台灣人在忍無可忍、走投無路的困境下所激發的反抗行爲。林江邁事件點燃了台灣人的怒火，翌日軍警以機槍掃射示威群眾更是火上加油，美國觀察家的預言終成事實，「二二八」由是「爆炸」。同時，美國見證者強調：台灣人的行爲絕對不能與在中國時常發生的排外運動相比；台灣人絕對不是義和團的反洋暴民。從台北領事館經南京大使館轉至美國國務院的文件中，也都一再表示美國人與其他外國人是毫無安全顧慮，反而在街上受到群眾的歡呼；因爲台灣人反對的是中國人。

「二二八」就是在這種經濟、政治、社會，乃至於心理、文化等等因素相互運作，迫使原來歡迎中國的台灣人民反抗統治者，自發性的起義。先是毆打中國人洩恨，旋即提出政治、經濟、社會等改革以及事變相關的處理要求。陳儀則施緩兵之計，等到援兵一到，隨即向台灣人大開殺戒，大肆報復，更是有計劃地捕殺台灣精英，使得一整代的台灣領導人被剷除殆盡。

西方史家兼哲學家喬治・桑塔耶納（George Santayana）的名言：「不牢記歷史的人必定重蹈覆轍」（Those who cannot remember the past are condemned to repeat it）。台灣人可以從美國人描述的「二二八」得到很多的教訓。

最後，作者提出他的三點看法：

一、台灣人應更深刻地瞭解、規範自己的意願。

二、從中國領台至「二二八」的十四個月間，中國政權的本質早已赤裸裸地表現無遺。

三、二二八事變以後，國際人士擔心台灣人是否會因爲事變失敗而相互猜疑，彼此指控。

本人很期待台灣人更深刻地瞭解「二二八」，從「二二八」得到啓示，消除相互間的猜忌，團結一致，更有效地組織起來，建立台灣人的政治實力。這樣才能達到台灣人自主的願望，也才能避免將來類似的浩劫。

張旭成的〈**二二八事件的政治背景及其影響**〉一文，提出的「二二八事件的長期負面影響」是：

第一，因爲整個世代本土精英受到殘害，大大削弱了台人參政的力量，台人視政治爲畏途，在相當長時期甚至養成對政治不關心和淡漠的態度。

第二，「二二八」事變後，流亡海外的台胞，認爲台灣的和平政治改革無望，要追求台灣人的自由與幸福，唯有推翻國民黨，自立建國，因而走上台獨運動之路。「二二八」事變是因，其後產生的台灣獨立運動是果。

第三，陳儀在台的殖民地政權，中國人佔據統治者地位，而引起本省人普遍對外省人強烈不滿，因此他們在「二二八」事變初期毆打外省人；因爲這些不幸的事件，其後國民黨政權對台人更加不信任，採取高壓的統治，長期戒嚴，實施「軍政」與「訓政」。

第四，因爲國民黨不信任台人，維持一黨專政和長期戒嚴，只想一味保持政權，加深了台人的疏離感和分離意識。

瞭解了「二二八」的來龍去脈和前因後果，才能瞭解本土意識的重要性以及今日台灣諸多重大政治問題的癥結所在，也才能循適當的途徑採取果敢有效的措施來解決問題。因此我呼籲所有關心台灣前途的人，平心靜氣，重新認識「二二八」的眞相和全貌。

陳芳明的〈**陳儀與謝雪紅——二二八人物的再評價**〉文章，將代表壓迫者陳儀與反抗者謝雪紅並列放在戰後台灣政治脈絡裡，來呈現台灣歷史的雙軌發展。

因爲在台灣，陳儀是背叛國民黨的高官，謝雪紅是反抗國民黨的領袖，他們同遭貶抑，是可以理解的。

可笑的是，陳儀與謝雪紅近年在中國都被提升歷史地位，謝雪紅的骨灰被移入八寶山國家級公墓；陳儀則由中國全國政協等單位編輯出版一冊《陳儀生平及被害內幕》（北京中國文史出版社，1987 年 6 月）來重新肯定陳儀。

這本書主要重點是放在陳儀「投靠中共」的事實上，而中共對歷史人物的評價，一向依照它的政策方向爲標準。

主要原因出在中共於 1979 年提出的〈告台灣同胞書〉的兩寄望政策，就是「寄希望於台灣人民，也寄希望於台灣當局」。在此政策下，恢復謝雪紅的地位，就等於承認她反抗國民黨的立場；但不恢復謝雪紅的名譽，顯然又難以說服台灣人。

中共於 1984 年感受到海外統派的壓力，因爲中共的寄望政策，重點是放在國民黨，而非台灣人身上。而統派向鄧穎超反映此問題；中共不久就把兩寄望政策顚倒過來，成爲「寄望於台灣當局，更寄望於台灣人民」。謝雪紅就在此政策下獲得平反。

北京爲了「寄希望於台灣當局」，不惜把陳儀之流的人物提高地位，很顯然是寄望國民黨的高官，都來效法陳儀的「看到中國共產黨人代表著人民的意志，在光明與黑暗的鬥爭中，毅然做出了正確的選擇」。只要能夠像陳儀那樣，一生的罪惡都可以抹消，並可塑造成

林啓旭先生在日本東京完成的《台灣二二八事件綜合研究》一書，亦遭警總查禁。

「愛國愛民，爲人清廉方正」的形象。

同樣地，爲了「更寄望於台灣人民」，中共也不惜把謝雪紅這樣的反抗人物平反，淡化她對抗中共中央的事實，更淡化她反抗國民黨的事實，只著重強調她爲「實現祖國統一而鬥爭的精神」。

國民黨的史書裡，如有對陳儀不利的文字，大都提及陳儀背叛國民黨，而不是他屠殺、鎮壓台灣人民。陳儀統治台灣期間，掌握財、政、經、警、軍的大權，其施政影響社會民心甚鉅。在他統治下發生二二八事件，竟然能夠不必承擔絲毫歷史責任，這就是國民黨的歷史標準嗎？國民黨是否有道德勇氣譴責陳儀？連這點都做不到，國民黨在台灣歷史教育中所立下的道德標準，無疑只剩謊話及虛僞了。

台灣歷史的重建，顯然不能對所有的當權者懷抱任何幻想。重建的工作，只有依賴台灣人動手去做。在海峽兩岸的權力人物眼中，歷史只不過是統治工具罷了。在台灣從事歷史教育的工作者，不敢對當權者的這種視歷史爲玩物的作爲有所批評，那是台灣史學界的恥辱。站在台灣人的立場，建立台灣人的史觀，是恢復台灣歷史眞貌的第一步。

關於本書的查禁紀錄，宏甫兄傳來資料如下：

台北市政府出版品行政處分書　78.8.29.府新一字第35889號

出版事業名稱：前衛出版社

登記證字號：局版台業字第2746號

發行人姓名：林文欽

住址：台北市金門街9～14號1樓

處分事由：貴社發行《二二八事件學術論文集》一書（陳芳明編）刊載〈爲了不讓歷史重演〉等文，以所謂「台灣人國殤事件的歷史回顧」扭曲、醜化政府，製造分離因素，違反出版法規定，業經行政院新聞局78.8.29.（78）銘四字第11586號函核定，應予行政處分。

處分種類：定期停止發行一年（自78年8月30日至79年8月29日止），並同時扣押其出版品。

違反法律：違反出版法第32條第1款依出版法第40條第1項第3款及同條第3項之規定予以處分。

右列出版品經依法核定行政處分如上

市長　吳伯雄

作者簡介

陳芳明，台灣左營人， 1947 年生，輔大歷史系畢業，台大史學碩士，美國西雅圖華盛頓大學歷史學博士候選人。他以「陳嘉農」寫詩與散文，以「宋冬陽」寫文學評論，以「施敏輝」寫政論文章。1974 ～ 1989 年因參與民主運動流亡海外，返台後曾任民進黨文宣部主任。曾任教靜宜大學、暨南大學、中興大學，後赴政治大學任教，同時成立台灣文學研究所，現為政大講座教授。

文學作品有：《含憂草》、《鏡子和影子》、《詩和現實》、《放膽文章拼命酒》、《典範的追求》、《危樓夜讀》、《風中蘆葦》、《夢的終點》、《時間長巷》、《掌中地圖》、《深山夜讀》、《孤夜讀書》、《昨夜雪深幾許》、《楓香夜讀》、《晚天未晚》、《星遲夜讀》、《美與殉美》、《很慢的果子》、《革命與詩》、《我的家國閱讀》、《現代主義及其不滿》、《2007 陳芳明：夢境書》、《楊逵的文學生涯》、《台灣新文學史》等書。

歷史研究及評論有：《台灣意識論戰選集》、《台灣人的歷史與意識》、《二二八事件學術論文集》、《謝雪紅評傳》、《台灣戰後資料選：二二八事件專輯》、《探索台灣史觀》、《殖民地台灣》、《殖民地摩登》等書。

政治評論有：《在時代分合的路口》、《在美麗島的旗幟下》、《福爾摩莎情結》、《李登輝情結》、《和平演變在台灣》、《在世紀與世界的邊緣》、《鞭傷之島》、《台灣對外關係的窺探》、《台灣內部民主的觀察》、《荊棘的閘門》等書。

22.《在時代分合的路口》·《在美麗島的旗幟下》

陳芳明著　前衛出版社　1989 年 7 月 15 日初版一刷

台灣人格與台灣國格，成為我跨入中年前後的最大思考，不能解決這兩個問題，我的焦慮就不可能靜止。在十年前，我寫下第一篇政論開始，我就覺悟到自己已不能站在政治運動的邊緣。我更覺悟到，一旦我捲入政治運動，我至少有十年不能返鄉。我越來越覺得，政治不是生死的問題，而是牽涉到是非問題，以各種理由來搪塞而拒絕參與政治，那是生命本能的恐懼。但是，在大是大非的問題上，生死就不是最重要的事了。一個知識份子，在必須判斷是非時，就沒有義務可以保持沉默。

我走過的政治歷程，其實是洗滌我靈魂的一段過程。在緩慢的時光裡，讓我看穿了聲名、地位、酬庸。十五年的時間，足夠使我的過去次第埋葬。從前的我，畢竟已經沉澱，沉澱在我生命怒潮的底部。我既埋葬了它，我就不會再把它挖掘出來。

北美深夜殘存的星光，便是我這段歷程的見證。這次返

陳芳明政論 1《在時代分合的路口》，由前衛於 1988 年 7 月 15 日初版，8 月 3 日即被警總查禁。

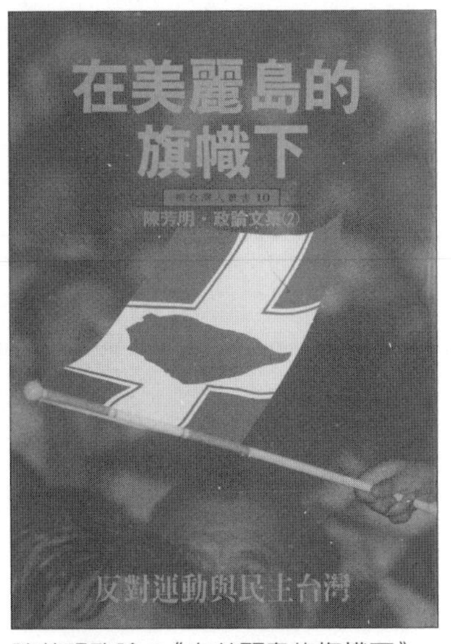

陳芳明政論 2《在美麗島的旗幟下》，前衛於 1988 年 7 月 15 日初版，8 月 3 日亦遭查禁。

台，我知道這是遠航的一個終止，也將是另一次揚帆啓程的再出發。我已確認了後半生的方位，台灣的莊嚴人格與台灣的偉大國格，將是我無盡的追求。

陳芳明，本書後記〈離台十五年祭〉，1989.6.28. 返台前夕

宏甫兄在 9 月 1 日 line 給我幾件禁書查禁資料，這是我在約半年前請託他幫忙的，本書《在美麗島的旗幟下》與《在時代分合的路口》是陳芳明老師在前衛出版同時出版的政論集，而〈離台十五年祭〉同時是這兩本書的後記，因而查禁原因是相同的，以下是《在美麗島的旗幟下》一書的查禁公文：

台北市政府出版品行政處分書 78.8.3.府新一字 351886 號

出版事業名稱：前衛出版社
登記證字號：局版台業字第 2746 號
發行人姓名：林文欽
社址：台北市金門街 9～14 號 1 樓
處分事由：貴社發行之〈在美麗島的旗幟下〉一書（陳芳明著），其中所刊〈離台十五年祭〉等文，主張台灣獨立，散佈分離意識，違反出版法規定，案經行政院新聞局 78.8.3.（78）銘版四字第 10462 號函核定，應予行政處分。
處分種類：定期停止發行一年（自 78 年 8 月 4 日至 79 年 8 月 3 日止）並同時扣押其出版品。
違反法律：違反出版法第 32 條第 1 款依出版法第 40 條第 1 項第 3 款及同條第 3 項之規定予以處分。
右列出版品經依法核定行政處分如上

市長　吳伯雄

A、《在時代分合的路口》

本書副標題是「統獨論爭與海峽關係」，內容有三十五篇文章，是 1981 年 10 月～1988 年 12 月的作品。分爲四輯：一、統派．民主．神話；二、自決．獨立．現實；三、中國・低聲・高調；四、台灣・人民・出路。由陳永興作序〈**台灣要往何處去？**〉及〈**離台十五年祭**〉的後記。

〈**如果中國是一個永遠的夢——論「中國統一聯盟」的成立**〉說道：

「中國統一聯盟」於 1988 年 4 月 4 日在台北耕莘文教院正式成立，它終於以明顯的旗幟公諸於世，他們的信仰與目標，應該得到恰當的尊重。它是以原有的「夏潮聯誼會」爲骨幹，從 1976 年《夏潮》創刊伊始，中間經過「夏潮聯誼會」，一直到「中國統一聯盟」成立，可以看出台灣統派運動的頓挫、鍛接、分裂、結合之發展軌跡。

統派運動發展的困難，並非來自它的書生性格而已。他們之間的相互疏離與分裂，也是另一個主要內在羈絆。他們不參加選舉，然而內部也存在著民進黨所具備的山頭主義與資源分配問題。從 1979 年以來，反對運動中浮現的台灣意識與自決主張，使得統派人士不得不考慮是否介入。統派人士稀少，參加的話，極有可能被主張自決論人士所「併呑」；即使不被併呑，他們的參加將幫助台灣意識的成長；假如他們推出候選人，又不一定能當選。這些因素卻使得統派一直與反對運動保持距離，也因而與群眾脫節。

「中國統一聯盟」的出現，乃是夏潮聯誼會在挫敗之後的再一次結合。它結合的對象包括左翼、右翼、政治受難者與政治受益者。如此結合主要目的在突出政治立場及壓低意識形態，強調中華民族主義高於一切，與社會主義或資本主義的信仰沒有密切關係，也就是「民族」要求優先於「民主」要求。

他們結合一起的原因，一是「台獨運動」在台灣的日益高漲，因爲台灣獨立的主張，乃是台灣社會與台灣歷史發展到適當時機就會產生的要求；而統派人士面對高漲的台獨運動，自然就產生一種迫切感。二是「探親政策」的開放使他們感到焦慮，開放探親所揭露的中國現實眞相，使台灣人民的「中國夢」冷卻不少。

「中國統一聯盟」的成立，代表台灣知識份子尋找出路時得到的一個答案。雖然它所強調的政治立場與政治理想，脫離台灣與中國的現實，値得佩服的是他們對理想的堅持。但是，無論理想多崇高、多宏遠，卻仍然必須先從台灣這塊土地踏實做起。

〈「統一」與「民主」可以並存嗎？——論胡秋原事件〉一文，談到：

國民黨籍立委兼「中國統一聯盟」名譽主席胡秋原於1988年9月訪問中國。胡秋原一向以「中華民國法統」自居，四十年如一日地擔任立委，他拒絕退職，排斥國會全面改選，更公然指控國會全面改選就是「違憲」。經過四十年來客觀現實的變化，他也應該發現，他只不過是台灣人民的「肉食者」而已，既無法代表台灣，也不能代表中國，他代表的只是一個充滿私心與權慾的虛幻世界。因而，做爲一位思考型的知識份子，他也許還能贏得一些尊重；但是，身爲一位尸位素餐的萬年代表，他必然是受到台灣人民的鄙夷。

胡秋原與中國領導人的見面，自然不能見容於國民黨的「大陸政策」。對國民黨來說，「三不政策」是維護其統治基礎的最後法寶。在「三不政策」的設計中，中共仍然是一個「僞政權」，是一個「叛亂團體」，胡秋原到北京接受招待，就已經揭穿「三不政策」的虛僞。

「三不政策」的最高意義，在於把國民黨從現實中隔離出來，只要不與中共接觸，國民黨的合法性就可暫時躲過挑戰。因此，國民黨中央黨部透過一些學者放出「依法偵辦」的空氣，正好可以說明國民黨立場的尷尬。

我們反對胡秋原的行爲，絕對不是法理上的，而是政治上的。他耗用台灣人民的血汗錢，卻絲毫不尊重台灣人民的意願，甚至把「統一」一詞提到無限上綱，而且還如法西斯一般，把台灣獨立運動打成與外人勾結，這都是我們堅決反對到底的。

國民黨今天對台灣人民的鎮壓與迫害，一切都是以其統治基礎作爲最優先的考量。無論獨派或統派，只要敢挑戰它的威信與利益，會遭受凌辱與迫害。因此，統派運動要在台灣立足，絕對不是向國民黨撒嬌，更不是向中國當權者撒嬌，而應該是獲得台灣人民的支持。

如果李登輝確如其聲明中所說，表示台灣前途由台灣全體住民自決，這絕不是什麼「向國際背景的台獨傾斜」，而是歷史潮流的必然歸趨。離開人民的意願，違背人民的意志，竟夸夸而談「中國民主統一」，先生們，這是什麼樣的

「民主」？

〈**他們是如何反對台灣獨立？**〉指出：

1987 年 11 月 10 日，民進黨二全大會通過決議案，堅決支持「人民有主張台灣獨立的自由」，來聲援在過去一個多月，全島如火如荼進行的「蔡有全、許曹德台獨案」。中共爲縮小打擊面，只抨擊民進黨而不得罪台灣人民，在《人民日報》的〈民進黨宣揚台獨不得人心〉一文，引用國民黨的說法，宣稱台獨在台灣受到圍剿；香港《文滙報》發出社論，對民進黨、台灣政治受難者聯誼會、台灣基督長老教會發動攻擊。

國民黨的「中央社」於 11 月 17 日通令全台各報紙，以顯著版面刊登「中共駁斥台灣獨立」的消息。國共兩黨再也不掩飾他們密切合作的關係，以下的兩個事實反映出：

第一，國民黨不惜引用《人民日報》言論，以北京中共的立場，對台灣人民施行恫嚇。

第二，國民黨的文宣工作已無法抵擋島內台獨運動的擴張，終於把自稱「我也是台灣人」的蔣經國請出，企圖藉他的「權威」來反對台獨言論。

另方面，中共依然堅守鄧小平決定的「一國兩制」立場，而從未考慮「一國兩制」在台灣沒有市場？爲什麼台灣人民的台獨意願那麼強？中共之所以興趣索然的理由是：

第一，只要台灣問題不致影響中美關係的穩定，中共就不會深入去瞭解實況。

第二，中共領導人之間，從未爲台灣問題發生過紛爭。

第三，提出「一國兩制」是成本最低的對台政策。這讓美國不用擔心改變台海和平狀態，不會引起國民黨慌張。

第四，中共研判，台灣人民的力量，在近幾年還不致取得政權，沒必要押台灣人民這個賭注。

四十年來，台灣社會之所以沒有「異議」，國民黨之所以穩如泰山，絕不是內部團結所致，而是國民黨高壓政策的結果。台灣社會表現出來的，是一種假象的團結。因爲，分歧份子的政治運動者，早已被逮捕、囚禁、槍斃了。國民黨統治了四十年，「法統」仍然不能合理化，「憲法」仍然不能正常化，不就在破壞內部團結嗎？台灣人的耐性畢竟有一定限度，今天海內外台獨言論和行動之所以「公開化、激烈化」，乃是台灣人懷疑國民黨的統治能力所致。

獻身台獨運動人士，深知開創前途必須付出昂貴的代價；但是換取一個健康而落實的國度，就得忍受短暫的痛苦。國民黨今日以鐵窗與手銬爲傲，日後它將是國民黨恥辱的印記。

B、《在美麗島的旗幟下》

本書副標題「反對運動與民主台灣」，寫作時間是1982年10月～1988年12月，前有許信良序〈勿忘在洛〉，內容分三輯：一、頓挫．療傷．奮起；二、出發．調整．開拓；三、團結．提昇．進步；共有三十六篇作品，最後以後記〈離台十五年祭〉總結。這兩本書是1989年7月12日，前衛出版社在台北爲陳芳明老師舉辦「台灣文化演講會」時，請他簽名的紀念本。當時，國民黨只准陳老師返鄉一個月，不料返美之後，兩書一併遭到警備總部查禁。

〈**美麗島思想是能夠查禁的嗎？**〉評論：

1982 年 9 月 28 日台灣全島黨外大會，散發一份由高雄事件四位受刑人黃信介、張俊宏、姚嘉文、林弘宣具名的〈美麗島受難人共同聲明〉傳單，不僅引起全島黨外人士的共鳴，使得國民黨上下倉皇失措。在高雄事件發生三年後的今日，美麗島思想以更具體內容、更完美的形式表現出來。國民黨可以監禁美麗島人士，卻無法監禁美麗島思想。

〈美麗島受難人共同聲明〉全文僅一千多字，但它所展現的挑戰力量卻巨大無比，主要內容有下列三點：

第一、從 1979 年以來，台灣內外情勢的發展，已證明美麗島人士對台灣前途的看法和主張是正確的。

第二、「中華民族」在歷史上曾經不只一次有過因理想不同而分立建國的經驗。美麗島人士堅信，任何人民不能單純因爲歷史及種族的原因而喪失選擇自由民主生活方式的權利。爲長遠利益考慮，在台灣完成民主遠比爲中國製造統一更爲迫切、更爲重要。

第三、人民有權利決定國是，國民黨必須還政於民，將主權歸屬、政府形態、基本國策以及政治領袖的產生等等，應大公無私地付諸全民公決。

從客觀要求來看，這三年來台灣政局的演變，更暴露國民黨的無能、怯懦與墮落。美麗島人士之所以坐牢，乃是國民黨感到自身的危殆，而非美麗島思想的偏差，事實也證明：美麗島路線是正確的，顛撲不破的。

從主觀願望來看，美麗島人士所追求的，是在台灣建立一個以民意爲依歸的國家。如同〈美麗島受難人共同聲明〉所言：「台灣與中國大陸長期隔離的結果，已使雙方社會本質有著明顯的差異」。這種差異並不是一天造成的，而是經過三百多年來的累積與凝聚。一個政治體制的完成，不能離開其所賴以生存的社會而單獨去構築。就生產關係、經濟分配、制度建立等層面來觀察，三百多年來的台灣與中國，幾乎沒有任何相通之處。台灣人民接受三百多年來單獨形成的共同意識的指導，絕對有權利選擇自己需要的政治體制。

從落實的方法看，這份共同聲明特別提出，主權歸屬、政府形態、基本國策和領袖的產生等，都應由全民決定。

國民黨在〈共同聲明〉散發之後，即採取行動：

第一、9 月 29 日國民黨在台北市議會臨時提案，一方面支持謝長廷所說的「與台獨劃清界線」；另一方面則攻擊共同聲明，企圖藉此分化「黨外」。

第二、「警總」在 9 月 30 日，引用〈台灣地區戒嚴時期出版物管制辦法〉，指控〈共同聲明〉傳單「內容嚴重淆亂視聽」，立即查禁扣繳。

第三、「警總」自 9 月 28 日起，一方面在獄內傳訊黃信介等四人；另一方面在獄外約談受刑人家屬，企圖找出共同聲明來源。

第四、國民黨御用報紙開始發動攻擊，刻意醜化聲明內容。

黃信介等四人對台灣前途的看法，眞正反映台灣島內千千萬萬民眾的想法。他們雖然身在牢內，冷眼觀察獄外世事的變化，冷靜的分析與判斷，相當審愼且落實。無怪乎，共同聲明發表後，民眾競相奔走相告；而「警總」宣布查禁後，傳單更是大量影印，在地下廣泛流傳。

〈美麗島受難人共同聲明〉的出現，等於宣判國民黨是沒有群眾和法統基礎的政權。這篇聲明除了證明美麗島受刑人的思想正確，同時也對國民黨「法律」表示輕蔑。受刑人不認爲自己是「罪犯」，眞正的罪犯是國民黨。獄外的家屬與民眾，也不認爲他們是「罪犯」，同時更主動宣傳廣布美麗島的思想，因爲這是獄內與獄外共同關心的。

這次共同聲明的發表，是島內獨立運動首次以公開而完整的形式出現，同時倡言者還是身陷牢獄深處的美麗島人士。三年來，他們不因受監禁而放棄對台灣政局的關心，他們仍然努力不懈地爲台灣人民抒發心聲。

〈**全力支持方素敏返台**〉說明方素敏返台的意義：

方素敏在 1983 年 10 月 18 日於洛杉磯以冷靜、堅定、果敢的語氣正式宣布，決定返台參加今年年底舉行的「增額立委」選舉。這項宣告，是島內台灣人長期以來最熱切的期待，也是國民黨近年來最大的焦慮。

方素敏是美麗島受刑人林義雄的家屬，也是 1980 年林宅血案的苦主。獄中的林義雄，獄外的方素敏，以及倖存的長女林奐均，爲台灣社會背負了人間最難忍受的苦難；他們在殘酷的政治陰影下，活生生的經驗了死亡的歷程。他們全家承受的重擔，代表了台灣人悲慘命運的極致，也反映了國民黨高壓手段的殘酷至極。

方素敏返台參選的意義，將不只是她個人的行動，而是屬於全體台灣人的。在她決心返回台灣時，她甚至如此答覆國民黨官員的恐嚇：「我遭受了那麼多痛苦，生死對我來講已經不是很重要的事情。」這種坦蕩無懼的態度，不折不扣爲台灣人塑造了巨人的形象，更徹徹底底揭穿國民黨猥瑣的侏儒姿態。當她從容整裝啓程返台時，島內外的台灣人都應該以更積極的行動支持她的決定。因爲，她的決定是要完成林義雄未走完的路，而且也是要完成「美麗島」未走完的路，更是要完成台灣人未走完的路。

對方素敏來說，林義雄的「罪名」是國民黨因政治考慮而羅織的；所以，林義雄的出獄是釋放與不釋放的問題，而不是特赦與不特赦的問題。她對國民黨的玩弄手法，正面答覆說：「我今天挺身而出，希望能喚起台灣人民的政治良心，我願以無私的精神追隨我先生秉持的民主自由的道路，希望這種無私的精神能促使台灣成爲一個眞正民主自由的地方，這是我競選立委的主要原因。」

1979 年美麗島運動，是代表台灣人對民主政治的高度要求。《美麗島》雜誌，正是在島內外政治、經濟形勢逆轉下群眾運動的自然產物；而美麗島人士走向街頭，乃是順應客觀條件的要求。它代表戰後台灣人最具草根性、最富進取性的政治運動，國民黨之所以性急地要鎮壓撲滅，因爲它瞭解美麗島運動確實反映了這個時代的怒潮。因此，今年美麗島路線的再度浮現，證明政治暴力是不可能解決台灣社會壓力。客觀的事實證明，國民黨已經成爲台灣民主政治發展和經濟結構改造的絆腳石。

方素敏的行動，具體表現了台灣人的意志和理想。當殘酷的命運把她逼到最後的角落，她也沒有屈服。她向世人證明，台灣人是從不輕言失敗的，台灣人永遠是積極奮發的。

爲台灣人奉獻了差不多她所有的一切後，方素敏最後又獻出了她自己。知道了這個消息，任何一個心還活著的台灣人，都不可能不在內心深處滿溢著崇敬和傷痛。

當方素敏義無反顧跨入生命更高一層的境界時，台灣人爲台灣的前途全力以赴，更加義不容辭了。

〈李敖與台灣黨外運動〉一文，作者提出他的看法：

李敖是一個爭論性人物，這是毋庸爭議的；但是，李敖憑恃他的一枝銳利的筆，在台灣所創造的個人魅力，以及在台灣所製造的政治旋風，到目前爲止，尚無出其右者。

李敖自稱他是超越時代的，從站在反國民黨的大陸人立場上，這句話是正確的。然而，從土生土長的台灣人立場來看，他是趕上時代的。因爲，他早就擺脫當年台大那些仍然沉湎在中國人苦悶深淵的夥伴們，而投入台灣社會的現實之中。

若是沒有台灣這樣的時空條件，就創造不出李敖這樣的人物。當然，沒有李敖的氣度與識見，就不可能塑造現在的局面。李敖對台灣現實中一切不合理的現象，並不等待它過去；他會揭發它、批判它、攻擊它，絲毫不留餘地。一切不公、不義的現象，會不會在他的筆下崩潰，現在尚難預料；但是，他的勇氣、他的戰鬥，必定在台灣歷史留下動人的一頁。

李敖反國民黨，所以在六十年代，他以《文星》爲據點，爲無聲的台灣製造令人懷念的聲音。在七十年代，國民黨以鐵鍊手銬封鎖他。到八十年代，李敖復出，以個人爲據點，爲動盪中前進的台灣推波助瀾，煽風點火。李敖果然還是趕上了時代。

李敖反國民黨，所以他徹底與國民黨劃清界線。他認爲黨外是台灣的希望，所以他支持黨外繼續堅持戰鬥。他說：戰鬥是檢驗黨外的唯一標準。他所認識的國民黨，不是一個政黨，而是一個大家族，他在〈給黨外人士上一課〉的文章內，毫不客氣地指出：「凡事不能從大家族觀點來看國民黨的，根本就是蛋頭之見、書生之見。」

李敖對黨外人士劃分成兩種人物，一是「康寧祥型」的人，一是「蘇秋鎮型」的人。前者有兩張臉，一張是對國民黨致最高敬意的臉；一張是對黨外傲慢不敬的臉。後者只有一張臉，對國民黨自始至終都是戰鬥的。李敖對康寧祥並沒有恩怨過節，也沒有利益衝突，爲什麼他批康批得那麼奮勇呢？原因無他，他認爲台灣只有黨外才是對抗國民黨的一股力量。他批評黨外時，並非只針對老康一人而已，他也批評其他的黨外如費希平與《生根》的新生代。

在李敖的批判精神裡，我們看不到仗勢欺人的傲慢態度，只看到他仗義直言的戰鬥態度。他無勢無權，他的權，只不過是以他的自由、尊嚴受到損害而換來的發言權；他的勢，也不過是以他的勇氣、良知開闢出來的形勢。

1982 年 9 月 28 日，〈美麗島受難人共同聲明〉公開流傳之後，國民黨發動前所未有的攻勢，對美麗島受刑人進行大規模圍剿。舉世滔滔之際，李敖撰寫一篇〈**對「美麗島受難人共同聲明」的單獨聲明**〉，跨刀爲獄中的人士講話。他在〈單獨聲明〉的最後一段展現他的大氣度：

「我這篇聲明，重點不在討論〈美麗島受難人共同聲明〉說什麼，我的重點是：不論他們說什麼，不論他們說得對不對，我相信受難人有說這話的權利，不論他們是美麗島的受難人，還是醜陋島的受難人，他們都有『言論自由』的權利，我都要拼命維護。我李敖看不慣受難人和受難人的四個小女生被人欺負，我就是要站出來，仗義直言，說我要說的這些話！」

在國民黨及其同路人賣弄奴顏媚骨的風潮中，李敖坦然

陳芳明政論 3《李登輝情結》，1991 年 11 月前衛初版。

陳芳明政論 4《福爾摩莎情結》，1991 年 11 月前衛初版。

陳芳明政論 5《和平演變在台灣》，1993 年 11 月前衛初版。

陳芳明政論 6《在世紀與世界的邊緣》，1996 年 9 月前衛初版。

展示什麼才是怒顏傲骨。僅憑這一點，就足夠為他自己樹立形象了。在反國民黨的浪潮裡，李敖是一股不可輕侮的力量，問李敖「是不是統一派」的人，先問問自己吧！

作者簡介

請參考第 21 章之作者簡介欄

23.李敖的禁書

從在《文星》興風作浪起，我努力在這個島上，用我的力量，「做砥柱於中流」「挽狂瀾於既倒」，使遠在天邊的，近在眼前。雖然我被允許活動的範圍極窄、時間極短，但我究竟做到了特立獨行。我敢說：三十年來，又能發揮打擊力、又能獨來獨往的唯一一個眞人，就是我。

李敖著，《李敖全集》自序，1980年蒙難九週年之日

《千秋評論》雜誌出喪後，我決定出版「李敖千秋評論」系列叢書，在出版法第十六條至二十二條軌跡間做「脫軌的老大」。既然不是雜誌，我想：官方應該快樂多一點、緊張少一點、度量大一點。「防民之口，甚於防川；防李敖之口，甚於防長江大河」，官方應該學到這種智慧。過去防李敖之口的官方大將，像前國民黨中央黨部副秘書長、前國民黨文工會主任謝然之諸公，如今已都是叛黨不歸的大將，可見這種「內患」（心腹之患），比李敖這種「外患」還麻煩得多，「先安內，後攘外」既然也是國策之一，那麼我們就先追隨這一國策，開懷一笑罷！

李敖著，〈被封殺的《千秋評論》〉，1981.7.15

李敖死了！

2018年3月18日上午10時59分，李敖於台北榮民總醫院因腦腫瘤病逝，享年83歲。

美國《紐約時報》記者 Amy Qin 於3月27日發布新聞：

李敖：捍衛自由的反叛「狂人」

2006年，李敖在台灣立法院會議上噴灑催淚瓦斯，抗議向美國購買數十億的軍火。台灣作家、政治人物李敖於3月18日在台灣台北病逝，享年82歲。激烈的反建制雄辯，充滿挑釁意味的怪誕舉止，以及對兩岸統一的堅定支持，使他成爲台灣最爲知名卻又褒貶不一的公眾人物之一。他去世時所在的台北榮民總醫院表示死因爲腦腫瘤。李敖在台灣文壇和政治界有「狂人」的稱號，是一位積極捍衛言論自由、抓住一切機會行使這項權利的人，哪怕政府曾經拒絕賦權。

《文星》98期因李敖一篇〈我們對「國法黨限」的嚴正表示——以謝然之先生的作風為例〉攻擊國民黨，最後落得雜誌停刊、書店關門的下場。

他撰寫了超過百本書，大多數是關於歷史與政治的，其中有 96 本書在台灣爲期近四十年、於 1987 年結束的戒嚴時期被查禁。他還曾作爲多檔政論節目的主持人而廣受歡迎，鞏固了自己在海峽兩岸的知名度。「沒有人比我李敖古往今來爭取言論自由最多的」，他曾在一場演講中如此自誇。

李敖是一名永遠的反對者，以製造衝突爲樂，多年來一直以台灣領導人、名流、及知識份子爲靶子。例如，他曾將國民黨領袖蔣介石稱爲「獨裁者」，稱李登輝總統爲「變節者」，還說在 2017 年 12 月去世的詩人余光中爲「馬屁詩人」。李敖晚年涉足政界，甚至還在 2000 年代表新黨競選總統。採訪之中，他常常會說到他對漂亮女人的愛慕之情，以及對政治上屬於自由派的 20 世紀初中國哲學家胡適的仰慕。台灣總統蔡英文在臉書上寫道：「李敖是個勇於挑戰體制、對抗威權的作家」、「他的過世，也代表了一個時代的消逝。當年他所挑戰的威權，已經成爲歷史。他筆下渴望的自由，已經變成台灣的生活方式。」

李敖的 1935～1966 年

回顧李敖一生，他 1935 年 4 月 25 日在當時「滿洲國」的哈爾濱出生，父親李鼎彝，母親張桂貞。1949 年 4 月全家追隨國民黨逃難來台，落腳台中，父親擔任台中一中國文老師。他考入台中一中初中部二年級就讀。

李敖自小天資聰穎，喜愛閱讀，自我學習，因而擁有豐厚的知識，加上他的狂狷個性與始終堅持一貫的批判性格，讓他成為當時學校的「狂人」。1953 年 9 月，升上高三，讀了一個多星期後，即自願休學在家。1954 年考入台大法律專修科，1955 年 6 月 27 日自動退學，再重考入台大歷史系。1957 年 3 月 1 日，在《自由中國》半月刊第 16 卷第 5 期發表中學舊作〈**從讀《胡適文存》說起**〉。台大歷史系畢業後，服完一年多兵役。1961 年 8 月考入台大歷史研究所一年級，11 月 1 日在《文星》第 49 期發表〈**老年人和棒子**〉，讓他被冠上「文化太保」、「大逆不道」等頭銜，這篇大不敬的文字，已經觸怒、得罪當時文化界、學術界及官場裡的一大群「老人」。

1962 年 2 月，李敖在《文星》第 52 期發表〈**給談中西文化的人看看病**〉，點燃「中西文化論戰」的烽火，他再被冠上「全盤西化論者」、「反文化傳統」的帽子，文壇陸續刊登正反面意見的文章；李敖也繼續乘勝追擊地發表〈**我要繼續給人看看病**〉、〈**紀翠綾該生在什麼時候**〉、〈**「文化太保」談梅毒**〉、〈**敬答吳心柳先生**〉、〈**由一絲不掛說起**〉、〈**修改「醫師法」與廢止中醫**〉、〈**論「處女膜整型」**〉、〈**中國思想趨向的一個答案**〉等有關「中西文化」的文章。李敖後來擔任《文星》雜誌主編，帶動《文星》由一份普通刊物，成為鼓動風潮的雜誌。

1962 年 2 月 9 日，他由姚從吾老師介紹到陶希聖主持的「中華民國開國五十年文獻編纂委員會」擔任助理，至 1963 年 5 月 6 日離職。當年元旦，在《文星》第 63 期發表

〈**十三年和十三個月**〉。3 月 19 日自動從歷史研究所休學。他的第一本書《傳統下的獨白》於 9 月 25 日由文星書店出版上市。

1964 年 1 月由文星書店出版《歷史與人像》；3 月出版《胡適研究》；4 月出版《胡適評傳》； 6 月出版《爲中國思想趨向求答案》； 7 月出版《文化論戰丹火錄》；8 月出版《教育與臉譜》。女兒李文在美國出生，母親王尚勤。

1965 年 4 月 1 日《文星》第 90 期出刊， 8 月 1 日遭警備總部以（54）訓喚 5984 號代電查禁。7 月 5 日起在《台灣日報》撰寫「上下古今談」專欄。10 月出版《上下古今談》。12 月 1 日在《文星》第 98 期發表〈**我們對國法黨限的嚴正表示：以謝然之先生的作風為例**〉，批評國民黨。國

《歷史與人像》等四本 1964 年初版的查禁書刊。

民黨的警備總部先於12月10日以（54）訓喚8706號查禁，12月26日再施以「停刊一年」處分。更可笑的是於1965年11月1日出刊的《文星》第97期卻到1966年1月4日才通知查禁。《文星》四年的風光，從此進入歷史。

1966年1月4日，《文星》第97期、《孫逸仙和中國西化醫學》遭查禁。7月18日，李敖作品《爲中國思想趨向求答案》、《教育與臉譜》、《歷史與人像》、《文化論戰丹火錄》、《上下古今談》、《傳統下的獨白》等六書被一次查禁。11月1日，《兩性問題及其他》遭台灣省政府以新一字第7019號公函查禁，理由是：違反〈出版法〉第三十九條第一款第三項之規定。11月9日，《烏鴉又叫了》

《都是李敖惹的禍》，四季出版，1980年4月15日初版。

吳祥輝著《李敖死了》，於1986年8月16日初版，引發一場筆墨官司。

遭到警備總部以（55）莒控第6176號函查禁。12月31日，《李敖寫的信》、《也有情書》、《孫悟空和我》、《不要叫罷》等四本書，分別遭莒控第6177、6178、6179、6180號公函查禁。另外《閩變研究與文星訟案》在1967年3月出版，內政部旋於3月15日台內版第229976號函查禁；1965年5月出版的《文星雜誌選集》第三冊（全套六冊）則遲至1974年7月16日才遭到警備總部以（63）淬梓第4964號公函查禁。李敖至此被查禁十五本作品，若加上三期《文星》雜誌第90、97、98期，一共查禁十八冊。

李敖的1967～1979年

1967年，國民黨加緊算舊帳，先由台灣高等法院首席檢察官發文偵辦，4月8日以「妨害公務」提起公訴。4月14日義助殷海光看病。

1968年，以販賣美軍中古電器維生，暗中支援其他出版活動。義助柏楊（柏楊因「大力水手漫畫案」被捕）。

1969年，仍以販售中古電器維生，暗中支援其他出版活動。義助彭明敏（彭因「台灣自救運動宣言案」判刑八年，後經蔣介石特赦，但仍然在「軟禁中」）。

1970年1月，因彭明敏偷渡出境，全年遭國民黨情治單位軟禁、跟蹤。9月3日，在被跟蹤之中仍約集《紐約時報》兼《時代・生活雜誌》特派員沙蕩（Donald H. Shapiro）和美聯社特派員白倫（Leonard Pratt），一大早跑到新店安坑監獄，在他個人被國特「護駕」下，迎接雷震出獄，使得國

《獨白下的傳統》，遠景出版社 1979 年 6 月初版。

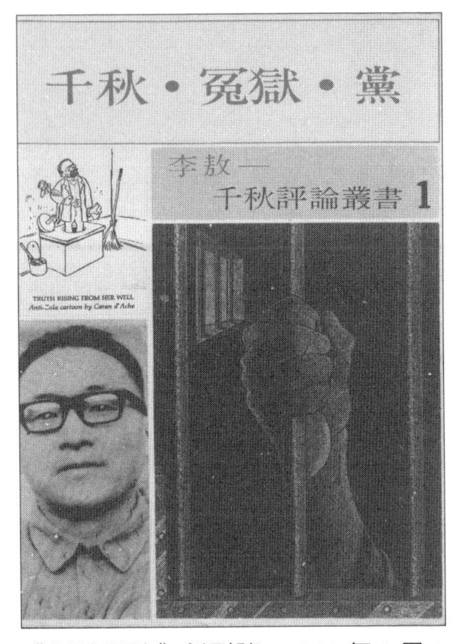

《千秋評論》創刊號，1981 年 9 月 1 日初版。

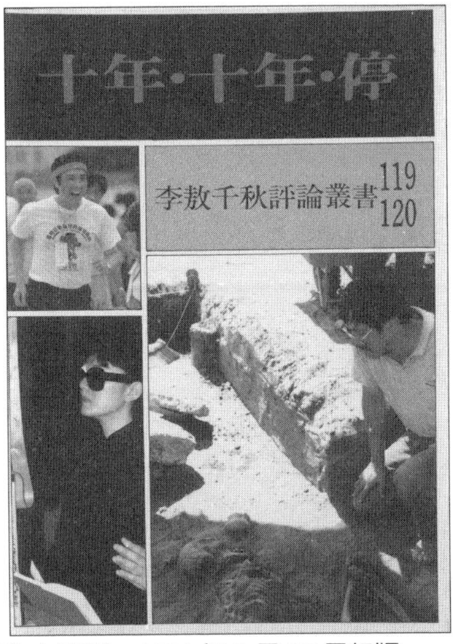

《千秋評論第 119、120 十年 · 十年 · 停》上下冊，1991 年 9 月 30 日初版。

民黨政府無法封鎖這一消息。

1971 年，遭軟禁、跟蹤至 3 月 19 日晚上被捕。由警備總部保安處處長吳彰炯少將主持刑求，在不見天日的保安處住了近一年。李敖被捕後，《紐約時報》刊登李敖照片並專文報導：李敖是「素孚眾望的歷史家和作家」、「以寫諷世文章知名於世」。

1972 年 2 月 28 日，由警備總部保安處移軍法處看守所。3 月 10 日判處 10 年徒刑，李敖不寫答辯狀、不上訴，準備坐牢。香港《遠東經濟評論》報導：李敖是大部分著作都被查禁的「著名的雜文家和編輯」，被處 10 年徒刑。

1975 年 8 月 12 日，因蔣介石之死而減刑，改判五年八個月。12 月 22 日，由警備總部軍法看守所移送土城仁愛教育實驗所，被隔離監禁。

1976 年 11 月 19 日服刑期滿，無保出獄（李敖不願連累朋友保他出獄，如因無保人而不放人，願意繼續坐牢）。12 月 1 日（出獄第十一天）經吳俊才老師推薦任政大國際關係研究中心副研究員，這是生平第一份正式職業。

1977 年，堅辭國關中心副研究員職務，仍不准辭。改行做土木包工。

1978 年，做土木包工。吳俊才老師由薩爾瓦多返國，親訪李敖家，同意李敖辭職，改邀李敖到《中央日報》社任主筆，再接總主筆，李敖笑著對吳老師說：「我不會給國民黨做打手的，謝謝老師啦！」

1979 年 6 月以《獨白下的傳統》一書，復出文壇。6 月

12 日開始在《中國時報》開闢「李敖特寫」專欄。9 月出版《李敖文存》第一、二集。12 月 6 日（「美麗島事件」前四日），通知高信疆（人間副刊主編）停寫專欄。

李敖的 1980～1992 年

1980 年，《李敖全集》1～6 冊出版。5 月 6 日與胡茵夢結婚，8 月 28 日離婚。遭蕭孟能控告侵占等罪。在《李敖全集》自序中提出「我要在四十五歲起，多搞世界性、永恆性的大手筆」。這篇自序也遭警備總部恐嚇，若印在書內會查禁，出版社只能忍痛不印，成爲一部沒有作者自序的全集。

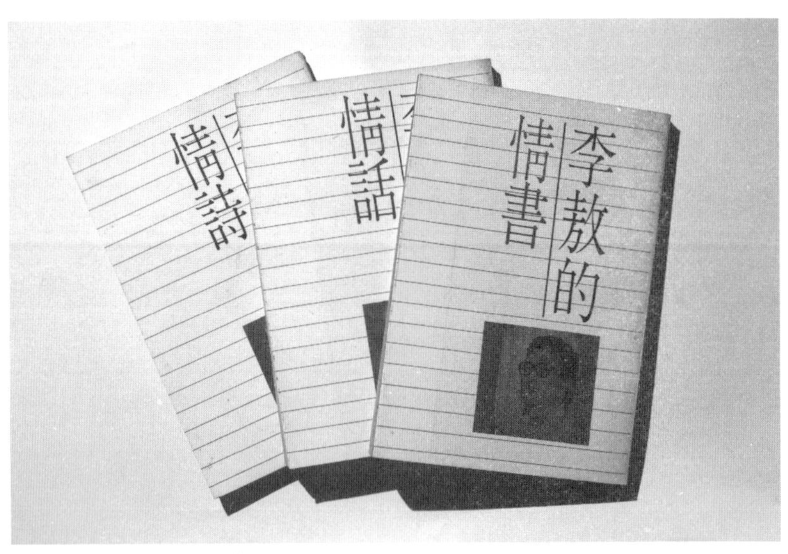

李敖遠景版《三情之書》。

1981年4月18日，申請到《千秋評論》雜誌執照，尚未出刊。6月17日與蕭孟能的誣告案由勝訴變敗訴，被台灣高等法院枉法判處李敖六個月徒刑。7月10日接台北市政府依出版法第十一條第三款「被處二月以上之刑在執行中不得爲雜誌之發行人」之規定，註銷其登記。8月10日李敖「二進宮」，9月1日《千秋評論》第1期出版上市，旋被查禁。此後《千秋評論》連續出版十年（共120期，121冊）。

1982年2月10日，李敖出獄，發表有關司法黑暗與監獄黑暗的文字，陸續爲許多冤獄抱不平，引起行政院、立法院、媒體及被迫害者的重視。國民黨老賊立委溫士源疾呼阻止李敖英雄形象流傳後一週，新竹少年監獄即發生大暴動。李敖開始大量爲黨外雜誌寫文章。4月25日，黨外人士爲李敖在紫藤廬祝壽，雖然許榮淑等人堅邀，李仍未出席。6月，李敖「三情之書」——《李敖的情詩》、《李敖的情書》、《李敖的情話》出版。8月28日起，實行「隱而不退」。《千秋評論》第11、16期遭查禁。

1983年2月1日，《李敖全集》第7、第8冊出版。8月，《千秋評論號外》第1期出版。11月，號外第2期《開槍．鬥牛．蛋》及第3期《雞骨．泡沫．搶》出版。《千秋評論》第22、26、27期遭查禁。

1984年1月23日起，和友人共同撰述《萬歲評論》叢書，每月1期，與《千秋評論》錯開出版，等於兩本月刊或一個半月刊。3月12日，擔任鄭南榕主持的《自由時代》

週刊總監，並在鄧維楨的《政治家》半月刊開闢專欄，來鼓動風潮，造成時勢。4 月《千秋評論號外》第 4 期《公論‧私通‧我》出版。《千秋評論》第 28、32、34、36、38、39 期遭查禁。《萬歲評論》第 3、4、5、8、9、10、11、12 期遭查禁。

1985 年 1 月，《李敖全集》八大冊因四季出版社結束，由遠流出版公司改成《李敖作品集》24 冊，以每月一書方式在 1985 年 1 月～1986 年 12 月出版。3 月 16 日，李敖發表〈**菩薩就只好打倒他**〉提到他身處台灣的基本態度「國民黨既不允許菩薩『成正覺』，菩薩就只好打倒他，菩薩沒有法子。」4 月 24 日發表「生日感言」。4 月 25 日公開「閉關宣言」，並出版《李敖 50 大壽專輯》。最高法院平反四年前的冤獄（蕭孟能誣告侵權案）。《千秋評論》第 40、43、44、45、46、47、48、49、50、51 期遭查禁。《萬歲評論》第 13、14、15、16、17、18、19、20、21、22、23、24、25 期遭查禁。

1986 年 10 月 31 日，《蔣介石研究》出版，兩天後的 11 月 2 日即遭查禁。《千秋評論》第 52、53、54、55、56、57、58、59、60、61、62、63 期遭查禁。《萬歲評論》第 26、27、28、29、30、31、32、33、34、35、36、37 期遭查禁。

1987 年 1 月 15 日，《蔣介石研究續集》出版，一週後的 1 月 22 日遭查禁。4 月，《萬歲評論》第 40 期出版後，將《萬歲評論》併入《千秋評論》，開放他人投稿。6 月 27

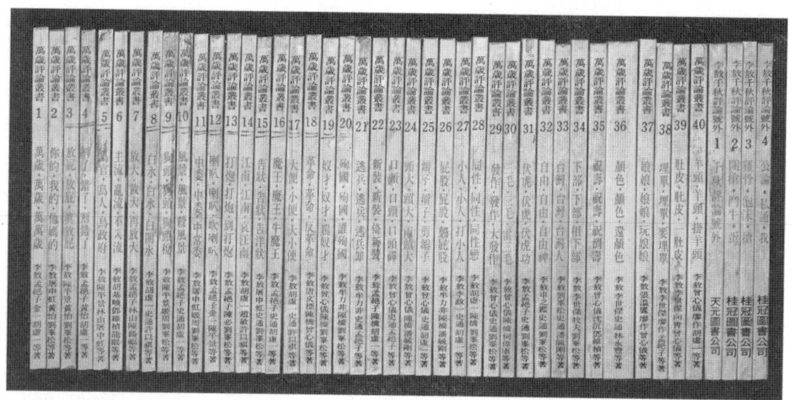

《萬歲評論》第 1 ~ 40 期及《千秋評論號外》第 1 ~ 4 期。

日，《蔣介石研究三集》出版，九日後的 7 月 6 日又遭查禁。**7 月 15 日，蔣經國宣布台灣「解嚴」**。9 月 10 日，《孫中山研究》出版，十五日後的 9 月 25 日遭查禁。10 月出版《李敖自傳與回憶》和《李敖自傳與回憶續集》。12 月出版《坐牢家爸爸給女兒的八十封信》。《千秋評論》第 64、

《烏鴉評論》週刊創刊號（1988 年 10 月）。

《李敖新刊》第 1 ~ 7 期。

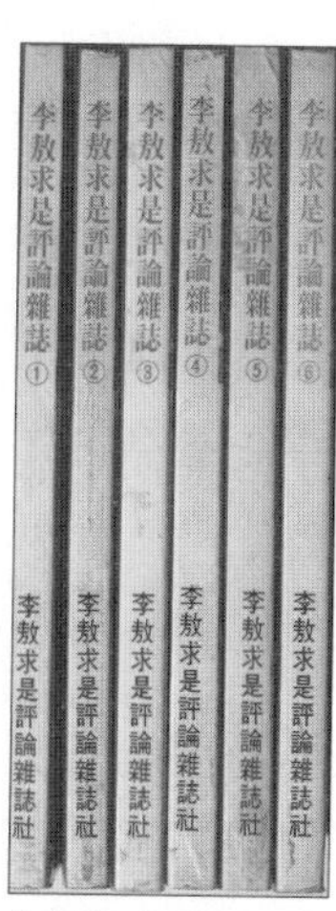

《李敖求是評論》第 1 ~ 6 期。

65、66、67、68、69、71、74 期遭查禁。《萬歲評論》第 38、39、40 期遭查禁。

1988 年 10 月 1 日，創辦《烏鴉評論》週刊，至 1989 年 3 月 17 日，出刊 24 期。繼續出版《千秋評論》第 78 期～89 期。

1989 年 4 月，《李敖新刊》叢書出版，至 10 月出版六期。4 月 14 日「李敖來台四十年演講會」於耕莘文教院舉行，講題：〈五四與學生運動〉，盛況空前。繼續出版《千秋評論》第 90 期～100 期（上下冊）。

1990 年，出版《愛情的秘密》。美國「全美華人協會」頒發最佳成就獎給李敖。繼續出版《千秋評論》第 101 期～第 112 期。

1991 年 2 月 17 日創辦《求是報》，至 8 月 20 日停刊，共發行 172 期。6 月出版《北京法源寺》。9 月，《千秋評論》發行至第 120 期（上下冊）後停刊。11 月，出版《李敖求是評論》。

1992 年 3 月 8 日，與王小屯（王志慧）結婚。4 月，《李敖求是評論》發刊第 6 期後停刊。8 月 1 日，台灣警備總司令部遭撤除。8 月 3 日，長子李勘出生。

國民黨查禁李敖作品的「官方理由」

文星時期

1.《孫逸仙和中國西化醫學》：刊載〈新夷說〉一文，內容將國父遺教斷章取義，故為曲解足以淆亂視聽，影響民心士氣。違反〈台灣省戒嚴時期新聞紙雜誌圖書管制辦法〉第二條第六款之規定，依同辦法第七條之規定應予查禁並扣押出版品。

鄭南榕於 1984 年 3 月 12 日創辦《自由時代》系列週刊，創刊號以李敖為封面人物。

2.《爲中國思想趨向求答案》：該書內容謬稱：「共產思想能夠在中國蔓延爲害，是孔家思想替其作了先驅工作」，誣蔑儒家思想，淆亂視聽，影響民心士氣，違反〈台灣省戒嚴時期新聞紙雜誌圖書管制辦法〉第二條第六款之規定，依同辦法第七條之規定應予查禁並扣押其出版品。

3.《教育與臉譜》：該書內容鼓勵學生背叛師長，並煽惑學界「造反」、「革命」，足以淆亂視聽，危害社會治安，違反〈台灣省戒嚴時期新聞紙雜誌圖書管制辦法〉第二條第六款之規定，依同辦法第七條之規定應予查禁並扣押其出版品。

4.《歷史與人像》：該書內容誣指孔子爲反動，並歪曲歷史事實，足以淆亂視聽，影響民心士氣，違反〈台灣省戒嚴時期新聞紙雜誌圖書管制辦法〉第二條第六款之規定，依同辦法第七條之規定應予查禁並扣押其出版品。

5.《文化論戰丹火錄》：該書內容誣指傳統文化是繁殖共產主義的溫床並為其鋪路，足以淆亂視聽，影響民心士氣，違反〈台灣省戒嚴時期新聞紙雜誌圖書管制辦法〉第二條第六款之規定，依同辦法第七條之規定應予查禁並扣押其出版品。

6.《上下古今談》：該書內容公然反對政府法令，誣指警察公報私仇，逼良為娼，足以淆亂視聽，挑撥政府與人民情感，違反〈台灣省戒嚴時期新聞紙雜誌圖書管制辦法〉第二條第六、七兩款之規定，依同辦法第七條之規定應予查禁並扣押其出版品。

7.《傳統下的獨白》：該書內容攻訐政府現行法制，惡加渲染，足以淆亂視聽，挑撥政府與人民情感，違反〈台灣省戒嚴時期新聞紙雜誌圖書管制辦法〉第二條第六、第七兩款之規定。依同辦法第七條之規定應予查禁並扣押其出版品。

8.《兩性問題及其他》：刊載「在這種性開放的景象裡，我們可以看到老祖宗們如何在生殖器崇拜、如何重視陰陽的理論、如何公然宣淫、如何『男女雜游不媒不聘』、如何血族相姦、如何私通野合、如何同性戀和雞姦、如何性變態、如何寫《素女經》《洞玄子》、如何因『性』的因素成為中國歷史的重要一環，並且影響到部分中華民族的歷史……」（第 6 頁）「正因為『性』的問題被不合理的規律約束乃至於壓抑，所以我們的中華民族才有了數不盡的『性』的『發霉』現象，從孌童到『御女車』，從『螢幸』到『蝶幸』，從『肉台盤』到『肉屛風』『肉雙六』『肉吐壺』，從人狗交到姦屍案，從纏小腳到丐戀，從老年癲狂到性戾換，從貞節牌坊到『冒恥求種』，從花旋風到壯陽藥，從自閹到閹人……，試問哪一件不是中華民族歷史的一部分，試問有哪一件我們敢說『這不是我們中華民族幹的事』」（第9～10頁）「婚姻是死巷，泛愛女人才是一條活路，只要自由戀愛的風氣能像瑞典式的推廣，一切『深厚友誼』都不難得到只要性交不需要『法定』，一切sexual relation都可以在旅館中施行『畫眉』『齊眉』的雅事，不必再在結婚後希求了，那是沒有戀愛自由的古人們婚後的勾當，而我們就不同了，我們可以在婚姻前大量地找尋fraulein進而揚棄註冊專利式的婚姻」（第143頁）等文字，有煽動他人妨害風化罪，違反〈出版法〉第三十二條第三款之規定，應依同法第三十九條第一項第三款規定予以扣押之行政處分（准台灣省政府新聞處（55）11.1.新一字第7019號函以及奉內政部（55）10.24.（55）內秘字慶字第5398號代電查禁）。

9.《烏鴉又叫了》：內載作者藉彭明敏事件之發生，倡言發起「學習李敖運動」，鼓勵青年走李敖路線，自認代表「反盲動」「反以暴易暴」「反槍桿對付異己」，並妄言「主張和平改革，社會改革，思想改革」，顯有淆亂視聽，影響民心士氣之害，並有危害社會治安之虞，依據〈台灣省戒嚴時期新聞紙雜誌圖書管制辦法〉第二條第六款，及同法第七條之規定，應予查禁並扣押其出版品。

10.《李敖寫的信》：該書誣指內政部依據出版法「侵

害」人民自由係「違憲」，並主張知識份子提倡「不合作主義」，顯有挑撥政府與人民情感及淆亂視聽，影響民心士氣之害，依據〈台灣省戒嚴時期新聞紙雜誌圖書管制辦法〉第二條第六、七款及同法第七條之規定，應予查禁並扣押其出版品。

11.《也有情書》：攻擊政府菸酒公賣局制度爲「專賣的統治經濟制度」，並誣指菸酒專賣爲「壟斷的苛稅」，另妄稱「老百姓麻木得沒有『心』了」，顯有淆亂視聽、影響民心士氣及挑撥政府與人民情感之害，依據〈台灣省戒嚴時期新聞紙雜誌圖書管制辦法〉第二條第六、七款及同法第七條之規定，應予查禁並扣押其出版品。

12.《孫悟空和我》：該書指「蔣廷黻對經濟自由的認識是錯誤的」，並誣指有「這種論調的人，他們專門表演集體、統制、官辦、黨營、公賣、國有等把戲」，顯有淆亂視聽，影響民心士氣及挑撥政府與人民情感之害，依據〈台灣省戒嚴時期新聞紙雜誌圖書管制辦法〉第二條第六、七款及同法第七條之規定，應予查禁並扣押其出版品。

13.《不要叫罷》：該書誣指出版法完全「違憲」。煽動人民「多還他們幾手」，並指「社會上『暴戾之風』係法律不能爲其辯冤白謗，自然最後要被逼到絕路上去，『官逼民反』」等，顯有淆亂視聽、影響民心士氣及挑撥政府與人民情感之害，依據〈台灣省戒嚴時期新聞紙雜誌圖書管制辦法〉第二條第六、七款及同法第七條之規定，應予查禁並扣押其出版品。

14.《閩變研究與文星訟案》：經審核內容最後「三點感想」，對於尚在審判中之訴訟事件及承辦該案件之司法人員有所評論，顯屬違反〈出版法〉第三十三條之規定，情節較重，應依同法第九條禁止其出售及散布，必要時並得予以扣押等由（准台灣省政府新聞處（56）3.21. 新一字第 1387 號函及奉內政部（56）3.15. 台內版字第 229976 號代電查禁）。

以上是李敖著作的部分，另外他編輯查禁的部分有：

15.《文星》第 90 期，1965.8.31. 查禁，訓喚字第 5984 號，二條三款。

16.《文星》第 98 期，1965.12.10. 查禁，訓喚字第 8706 號，二條六款。

17.《文星》第 97 期，1966.1.4. 查禁，訓喚字第 9345 號，二條六款。

18.《文星雜誌選集》第三冊，1974.7.16. 淬梓字第 4964 號，三條六、七款。（本件依據 1970 年 5 月施行之〈台灣地區戒嚴時期出版物管制辦法〉辦理。）

復出文壇（1979 年）之後

19.《千秋・冤獄・黨》（千秋評論 1）：內容淆亂視聽、挑撥政府與人民情感，核已違反〈台灣地區戒嚴時期出版物管制辦法〉第三條第六、七款之規定，依同法第八條，應扣押其出版品。

20.《放火・放水・逃》（千秋評論 11）：其中之〈**放火**

的〉及〈**論中門村事件**〉兩文蓄意挑撥政府與人民情感，鼓煽暴力、誇張事實、淆亂視聽、危害社會治安秩序，核已違反〈台灣地區戒嚴時期出版物管制辦法〉第三條第六、七款，依同法第八條之規定予以查禁，並扣押其出版物。

21.《政治・女人・蛇》（千秋評論16）：〈**不平等條約是國民黨廢除的嗎？**〉及〈**政治與生殖器**〉等文，內容淆亂視聽，挑撥政府與人民情感，核已違反〈台灣地區戒嚴時期出版物管制辦法〉第三條第六、七款，依同法第八條之規定，應予取締，並扣押其出版物。

22.《老兒・小兒・病》（千秋評論22）：該書由四季公司出版發行，刊登〈**王國維自殺寫真**〉、〈**天涯哭此時**〉等文，內容歪曲事實，淆亂視聽，挑撥政府與人民情感，違反〈台灣地區戒嚴時期出版物管制辦法〉第三條第六、七款，依同法第八條之規定予以查禁，並扣押其出版物。

23.《鈔票・肚皮・屌》（千秋評論26）：其中〈**國民黨與鈔票**〉等文，內容挑撥政府與人民情感，破壞國軍團結，更以猥褻文字，破壞社會公序良俗，淆亂視聽，足以影響民心士氣，核已違反〈台灣地區戒嚴時期出版物管制辦法〉第三條第六、七、八款之規定。依同法第八條及〈戒嚴法〉第十一條第一款之規定，應予取締，並扣押其出版物。

24.《大使・老鼠・怕》（千秋評論27）：其中〈**國民黨的三通前科**〉、〈**大使垮台秘聞**〉、〈**上縣太爺書**〉等文字，曲解事實，蓄意挑撥政府與人民情感、淆亂視聽，足以影響民心士氣，核已違反〈台灣地區戒嚴時期出版物管制辦法〉

第三條第六、七兩款。依同法第八條之規定，應予取締，並扣押其出版物。

25.《活爸·死爸·黑》（千秋評論28）：其中之〈**亂世父子淚**〉、〈**活人不要死屍**〉、〈**向國民黨討十大債**〉等等文字，爲匪宣傳，曲解事實，誣蔑政府，蓄意挑撥分化政府與人民情感，淆亂視聽，足以影響民心士氣，核已違反〈台灣地區戒嚴時期出版物管制辦法〉第三條第三、六、七等三款，依同法第八條之規定，應予取締，並扣押其出版物。

26.《放屁·放屁·眞放屁》（萬歲評論3）：其中之〈**人間不是你們的**〉、〈**馬璧奉化現形記**〉、〈**從「我是嫖客」到「我是雞巴」**〉等文，違背反共國策，曲解事實，誣蔑政府，蓄意挑撥，分化政府與人民情感，淆亂視聽，足以影響民心士氣，核已違反〈台灣地區戒嚴時期出版物管制辦法〉第三條第五、六、七等各款，依同法第八條之規定，應予取締，並扣押其出版物。

27.《割了·割了·割錯了》（萬歲評論4）：其中之〈**上帝要變心了**〉、〈**神話·謊言·騙**〉、〈**新腹非罪**〉等文，公然散布謠言，爲匪宣傳，曲解事實，誣蔑政府，挑撥政府與人民情感，嚴重淆亂視聽，足以影響民心士氣，核已違反〈台灣地區戒嚴時期出版物管制辦法〉第三條之第三、五、六、七等各款，依同法第八條之規定，應予查禁，並扣押其出版物。

28.《泰山·泰水·命》（千秋評論32）：其中之〈**康澤殉難了嗎？**〉、〈**上山、上山、愛**〉等文字，蓄意爲匪宣傳、誣衊政府、侮辱壯烈殉國先烈，扭曲事實，挑撥政府與人民情感，嚴重淆亂視聽足以影響民心士氣，核已違反〈台灣地區戒嚴時期出版物管制辦法〉第三條第三、六、七各項之規定，依同法第八條扣押其出版物。

29.《烏官・烏人・烏政府》（萬歲評論5）：其中之〈**五四沒有這種精神**〉、〈**錢學森所代表的問題**〉、〈**頭髮政治述奇**〉、〈**老兵永遠不死、因為要做老牛**〉等文，攻訐政府，公然爲匪宣傳，挑撥政府與人民情感，嚴重淆亂視聽，足以影響民心士氣，核已違反〈台灣地區戒嚴時期出版物管制辦法〉第三條第三、五、六、七等各款，依同法第八條之規定，應予查禁，並扣押其出版物。

30.《不老・不死・尸》（千秋評論34）：其中之〈**西安事變的另一主角**〉乙文，蓄意以叛徒片面之詞及匪僞宣傳文字，曲解事實，誣衊政府，挑撥政府與人民情感，嚴重淆亂視聽，足以影響民心士氣，核已違反〈台灣地區戒嚴時期出版物管制辦法〉第三條第三、五、六、七各款之規定，依同法第八條，應扣押其出版物。

31.《白水・白水・白開水》（萬歲評論8）：其中之〈**烏雲接落日**〉、〈**歷史臉譜**〉兩文，蓄意爲共匪做有利宣傳、曲解事實、誣衊政府、挑撥政府與人民情感、嚴重淆亂視聽，足以影響民心士氣，核已違反〈台灣地區戒嚴時期出版物管制辦法〉第三條第三、五、六、七各款之規定，依同法第八條，應扣押其出版物。

32.《叛國・亡國・洗》（千秋評論36）：部分內容蓄意

歪曲史實，誣蔑國家元首，爲共匪做統戰宣傳（1、2、3、7等篇），挑撥政府與人民情感，嚴重淆亂視聽，足以影響民心士氣，核已違反〈台灣地區戒嚴時期出版物管制辦法〉第三條第三、五、六、七各款之規定，依同法第八條，應扣押其出版物。

33.《狗頭·狗頭·狗頭稅》（萬歲評論9）：其中之〈**一九八四年的民心**〉、〈**國民黨放水成性**〉兩文，蓄意爲共匪做有利宣傳、揑造謠言、誣蔑政府、挑撥政府與人民情感，嚴重淆亂視聽，足以影響民心士氣，核已違反〈台灣地區戒嚴時期出版物管制辦法〉第三條第三、五、六、七各款之規定，依同法第八條，應扣押（查禁）其出版物。

34.《風景·風景·殺風景》（萬歲評論10）：其中之〈**明朝不如今**〉及〈**政治規格的討論**〉等文，嚴重淆亂視聽，蓄意挑撥政府與人民情感，足以影響民心士氣，核已違反〈台灣地區戒嚴時期出版物管制辦法〉第三條第六、七款之規定，依同法第八條，應扣押（查禁）其出版物。

35.《雞嘴·鴨嘴·變》（千秋評論38）：其中之〈**散記鸚鵡及其他**〉、〈**哀江南**〉等文，嚴重淆亂視聽，蓄意挑撥政府與人民情感，足以影響民心士氣，核已違反〈台灣地區戒嚴時期出版物管制辦法〉第三條第六、七款之規定，依同法第八條，應扣押（查禁）其出版物。

36.《中委·中委·中常委》（萬歲評論11）：其中之〈**苛政猛如虎**〉等文，揑造讕言，誣蔑政府，蓄意挑撥政府與人民情感，嚴重淆亂視聽，足以影響民心士氣，核已違反

〈台灣地區戒嚴時期出版物管制辦法〉第三條第六、七、八款之規定，依同法第八條，應扣押（查禁）其出版物。

37.《喇叭・喇叭・吹喇叭》（萬歲評論12）：其中之〈**老友與舊仇**〉等文，蓄意歪曲事實，爲共匪做有利宣傳，揑造謠言，誣蔑政府，挑撥政府與人民情感，淆亂視聽，足以影響民心士氣，核已違反〈台灣地區戒嚴時期出版物管制辦法〉第三條第三、五、六、七各款之規定，依同法第八條，應扣押（查禁）其出版物。

38.《流芳・遺臭・驢》（千秋評論39）：部分文稿內容扭曲事實，挑撥分化，栽誣政府，嚴重淆亂視聽，足以影響民心士氣，核已違反〈台灣地區戒嚴時期出版物管制辦法〉第三條第六、七兩款之規定，依同法第八條，應扣押其出版物。

39.《打砲・打砲・別打砲》（萬歲評論13）：其中之〈**鄉愁**〉、〈**馬可仕**〉、〈**文化**〉等文，違背反共國策，揑造謠言，詆毀國家元首，蓄意淆亂視聽，挑撥政府與人民情感，足以影響民心士氣，核已違反〈台灣地區戒嚴時期出版物管制辦法〉第三條第四、五、六、七各款之規定，依同法第八條，應扣押其出版物。

40.《漲價・漲價・買》（千秋評論40）：部分文字內容扭曲事實、並揑造讕言，侮辱壯烈殉國先烈，淆亂視聽，挑撥政府與人民情感，足以影響民心士氣，核已違反〈台灣地區戒嚴時期出版物管制辦法〉第三條第六、七款之規定，依同法第八條，應扣押其出版物。

41.《江南‧江南‧哀江南》（萬歲評論 14）：其中之〈**台灣江南日記**〉乙文，彙刊多篇業經依法查禁之文字予以散佈。〈**比較文學**〉乙文，公然爲共匪做有利之宣傳。此項文字，有違〈台灣地區戒嚴時期出版物管制辦法〉第三條三、五、六、七、各款之規定，依同法第八條應扣押其出版物。

42.《告狀‧告狀‧告洋狀》（萬歲評論 15）：其中之〈**我們沒有明天**〉乙文，爲散布業經明令查禁在案之文字。〈**江南併發症**〉、〈**歷史使命**〉等文爲蓄意歪曲事實，捏造謠言，誣蔑政府，挑撥政府與人民情感，淆亂視聽，足以影響民心士氣及危害社會治安，核已違反〈台灣地區戒嚴時期出版物管制辦法〉第三條第四、六、七、八各款之規定，依同法第八條，應扣押其出版物。

43.《魔王‧魔王‧牛魔王》（萬歲評論 16）：其中之〈**誰是支持國泰詐財的禍首**〉及〈**為民除害乎**〉等文，蓄意淆亂視聽，挑撥政府與人民情感，足以影響民心士氣，核已違反〈台灣地區戒嚴時期出版物管制辦法〉第三條第六、七款，依同法第八條之規定扣押（查禁）其出版物。

44.《大便‧小便‧大小便》（萬歲評論 17）：其中之六、七兩篇文字蓄意歪曲事實、誣蔑政府、淆亂視聽、爲匪宣傳，挑撥政府與人民情感，足以影響民心士氣，核已違反〈台灣地區戒嚴時期出版物管制辦法〉第三條第三、六、七各款，依同法第八條之規定應扣押其出版物。

45.《五十‧五十‧易》（千秋評論 43，下冊）：其中之

〈**從殺人滅口到抓人脫罪**〉乙文，原刊《發揚週刊》，經明令查禁在案，今該書又予刊載散布以淆亂視聽、挑撥政府與人民情感，核已違反〈台灣地區戒嚴時期出版物管制辦法〉第三條第六、七款之規定，依同法第八條應扣押其出版物。

46.《革命‧革命‧反革命》（萬歲評論 18）：其中之十四、十五、二十一等篇文字，蓄意淆亂視聽、挑撥政府與人民情感，足以影響民心士氣，核已違反〈台灣地區戒嚴時期出版物管制辦法〉第三條第四、六、七各款之規定，依同法第八條，應扣押其出版物。

47.《同志‧同志‧殺》（千秋評論 44）：該書內容，扭曲事實，詆毀國家元首，挑撥分化，嚴重淆亂視聽，足以影響民心士氣，核已違反〈台灣地區戒嚴時期出版物管制辦法〉第三條第四、六、七款，依同法第八條之規定，予以查禁，並扣押其出版物。

48.《奴才‧奴才‧罵奴才》（萬歲評論 19）：其中之四、五等篇文字，蓄意淆亂視聽。為共匪做有利宣傳，挑撥政府與人民情感，足以影響民心士氣，核已違反〈台灣地區戒嚴時期出版物管制辦法〉第三條第三、六、七各款之規定，依同法第八條應扣押其出版物。

49.《江東‧江東‧飛》（千秋評論 45）：該書部分文稿內容，核已違反〈台灣地區戒嚴時期出版物管制辦法〉第三條第六款「淆亂視聽足以影響民心士氣」、第七款「挑撥政府與人民情感」之規定。依據〈戒嚴法〉第十一條第一款及〈台灣地區戒嚴時期出版物管制辦法〉第八條之規定，扣押其出版物。

50.《殉國・殉國・誰殉國》（萬歲評論20）：該書部分文字內容，核已違反〈台灣地區戒嚴時期出版物管制辦法〉第三條第六款「淆亂視聽足以影響民心士氣」、第七款「挑撥政府與人民情感」之規定。依據〈戒嚴法〉第十一條第一款及〈台灣地區戒嚴時期出版物管制辦法〉第八條之規定，扣押其出版物。

51.《和尚・和尚・施》（千秋評論46）：該書部分文字內容，核已違反〈台灣地區戒嚴時期出版物管制辦法〉第三條第六款「淆亂視聽足以影響民心士氣」、第七款「挑撥政府與人民情感」之規定。依據〈戒嚴法〉第十一條第一款及〈台灣地區戒嚴時期出版物管制辦法〉第八條之規定，扣押其出版物。

52.《逃兵・逃兵・逃兵罪》（萬歲評論21）：該書部分文字，核已違反〈台灣地區戒嚴時期出版物管制辦法〉第三條第六款「淆亂視聽足以影響民心士氣」、第七款「挑撥政府與人民情感」之規定。依據〈戒嚴法〉第十一條第一款及〈台灣地區戒嚴時期出版物管制辦法〉第八條之規定，扣押其出版物。

53.《青眼・白眼・看》（千秋評論47）：該書部分文字內容，核已違反〈台灣地區戒嚴時期出版物管制辦法〉第三條第六款「淆亂視聽足以影響民心士氣」、第七款「挑撥政府與人民情感」之規定。依據〈戒嚴法〉第十一條第一款及〈台灣地區戒嚴時期出版物管制辦法〉第八條之規定，扣押其出版物。

54.《新裝•新裝•倚新裝》（萬歲評論22）：該書部分文字，核已違反〈台灣地區戒嚴時期出版物管制辦法〉第三條第六款「淆亂視聽足以影響民心士氣」、第七款「挑撥政府與人民情感」之規定。依據〈戒嚴法〉第十一條第一款及〈台灣地區戒嚴時期出版物管制辦法〉第八條之規定，扣押其出版物。

55.《印印•印印•印》（千秋評論48）：該書部分文字內容，核已違反〈台灣地區戒嚴時期出版物管制辦法〉第三條第六款「淆亂視聽足以影響民心士氣」之規定。依據〈戒嚴法〉第十一條第一款及〈台灣地區戒嚴時期出版物管制辦法〉第八條之規定，扣押其出版物。

56.《口頭•口頭•口頭禪》（萬歲評論23）：該書部分文字，核已違反〈台灣地區戒嚴時期出版物管制辦法〉第三條第三款「爲匪宣傳」、第六款「淆亂視聽足以影響民心士氣」、第七款「挑撥政府與人民情感」之規定。依據〈戒嚴法〉第十一條第一款及〈台灣地區戒嚴時期出版物管制辦法〉第八條之規定，扣押其出版物。

57.《歷史•歷史•吹》（千秋評論49）：該書部分文稿，核已違反〈台灣地區戒嚴時期出版物管制辦法〉第三條第四款「詆毀國家元首」、第六款「淆亂視聽足以影響民心士氣」、第七款「挑撥政府與人民情感」之規定。依據〈戒嚴法〉第十一條第一款及〈台灣地區戒嚴時期出版物管制辦法〉第八條之規定，扣押其出版物。

58.《頭大・頭大・兩頭大》（萬歲評論 24）：該書部分內容，核已違反〈台灣地區戒嚴時期出版物管制辦法〉第三條第六款「淆亂視聽足以影響民心士氣」、第七款「挑撥政府與人民情感」之規定。依據〈戒嚴法〉第十一條第一款及〈台灣地區戒嚴時期出版物管制辦法〉第八條之規定，扣押其出版物。

59.《出出・出出・出》（千秋評論 50）：該書核已違反〈台灣地區戒嚴時期出版物管制辦法〉第三條第六款「淆亂視聽足以影響民心士氣」、第七款「挑撥政府與人民情感」之規定。依據〈戒嚴法〉第十一條第一款及〈台灣地區戒嚴時期出版物管制辦法〉第八條之規定，扣押其出版物。

60.《 子・辮子・剪辮子》（萬歲評論 25）：該書部分文字，核已違反〈台灣地區戒嚴時期出版物管制辦法〉第三條第六款「淆亂視聽足以影響民心士氣」、第七款「挑撥政府與人民情感」之規定。依據〈戒嚴法〉第十一條第一款及〈台灣地區戒嚴時期出版物管制辦法〉第八條之規定，扣押其出版物。

61.《自大・自大・狂》（千秋評論 51）：該書部分文字，核已違反〈台灣地區戒嚴時期出版物管制辦法〉第三條第三款「為共匪宣傳」、第六款「淆亂視聽足以影響民心士氣」、第七款「挑撥政府與人民情感」之規定。依據〈戒嚴法〉第十一條第一款及〈台灣地區戒嚴時期出版物管制辦法〉第八條之規定，扣押其出版物。

62.《屁股・屁股・翹屁股》（萬歲評論 26）：該書部分

文字，核已違反〈台灣地區戒嚴時期出版物管制辦法〉第三條第三款「爲共匪宣傳」、第四款「詆毀國家元首」、第六款「淆亂視聽足以影響民心士氣」、第七款「挑撥政府與人民情感」之規定。依據〈戒嚴法〉第十一條第一款及〈台灣地區戒嚴時期出版物管制辦法〉第八條之規定，扣押其出版物。

63.《國庫•黃金•搬》（千秋評論 52）：該書部分文字，核已違反〈台灣地區戒嚴時期出版物管制辦法〉第三條第六款「淆亂視聽足以影響民心士氣」、第七款「挑撥政府與人民情感」之規定。依據〈戒嚴法〉第十一條第一款及〈台灣地區戒嚴時期出版物管制辦法〉第八條之規定，扣押其出版物。

64.《小人•小人•打小人》（萬歲評論 27）：該書部分文字，核已違反〈台灣地區戒嚴時期出版物管制辦法〉第三條第三款「爲共匪宣傳」、第四款「詆毀國家元首」、第六款「淆亂視聽足以影響民心士氣」、第七款「挑撥政府與人民情感」之規定。依據〈戒嚴法〉第十一條第一款及〈台灣地區戒嚴時期出版物管制辦法〉第八條之規定，扣押其出版物。

65.《張三•李四•告》（千秋評論 53）：該書其中部分文字，核已違反〈台灣地區戒嚴時期出版物管制辦法〉第三條第六款「淆亂視聽足以影響民心士氣」之規定。依據〈戒嚴法〉第十一條第一款及〈台灣地區戒嚴時期出版物管制辦法〉第八條之規定，扣押其出版物。

66.《同性•同性•同性戀》（萬歲評論 28）：該書其中部分文字，核已違反〈台灣地區戒嚴時期出版物管制辦法〉第三條第三款「爲共匪宣傳」、第六款「淆亂視聽足以影響民心士氣」、第七款「挑撥政府與人民情感」之規定。依據〈戒嚴法〉第十一條第一款及〈台灣地區戒嚴時期出版物管制辦法〉第八條之規定，扣押其出版物。

67.《大的•小的•要》（千秋評論 54）：該書部分文字，核已違反〈台灣地區戒嚴時期出版物管制辦法〉第三條第六款「淆亂視聽足以影響民心士氣」、第七款「挑撥政府與人民情感」之規定。依據〈戒嚴法〉第十一條第一款及〈台灣地區戒嚴時期出版物管制辦法〉第八條之規定，扣押其出版物。

68.《發作•發作•大發作》（萬歲評論 29）：該書其中部分文字，核已違反〈台灣地區戒嚴時期出版物管制辦法〉第三條第三款「爲共匪宣傳」、第四款「詆毀國家元首」、第六款「淆亂視聽足以影響民心士氣」、第七款「挑撥政府與人民情感」之規定。依據〈戒嚴法〉第十一條第一款及〈台灣地區戒嚴時期出版物管制辦法〉第八條之規定，扣押其出版物。

69.《活人•死人•騙》（千秋評論 55）：該書部分文字，核已違反〈台灣地區戒嚴時期出版物管制辦法〉第三條第六款「淆亂視聽足以影響民心士氣」、第七款「挑撥政府與人民情感」之規定。依據〈戒嚴法〉第十一條第一款及〈台灣地區戒嚴時期出版物管制辦法〉第八條之規定，扣押其出版物。

70.《三毛‧三毛‧雷三毛》（萬歲評論30）：該書其中部分文字，核已違反〈台灣地區戒嚴時期出版物管制辦法〉第三條第三款「為共匪宣傳」、第四款「詆毀國家元首」、第六款「淆亂視聽足以影響民心士氣」、第七款「挑撥政府與人民情感」之規定。依據〈戒嚴法〉第十一條第一款及〈台灣地區戒嚴時期出版物管制辦法〉第八條之規定，扣押其出版物。

71.《新黨‧新黨‧拉》（千秋評論56）：該書其中部分文字，核已違反〈台灣地區戒嚴時期出版物管制辦法〉第三條第四款「詆毀國家元首」、第六款「淆亂視聽足以影響民心士氣」、第七款「挑撥政府與人民情感」規定。依據〈戒嚴法〉第十一條第一款及〈台灣地區戒嚴時期出版物管制辦法〉第八條之規定扣押其出版物。

72.《伏虎‧伏虎‧伏虎功》（萬歲評論31）：該書其中部分文字，核已違反〈台灣地區戒嚴時期出版物管制辦法〉第三條第三款「為共匪宣傳」、第五款「違背反共國策」、第六款「淆亂視聽足以影響民心士氣」、第七款「挑撥政府與人民情感」之規定。依據〈戒嚴法〉第十一條第一款及〈台灣地區戒嚴時期出版物管制辦法〉第八條之規定，扣押其出版物。

73.《火把‧火把‧燒》（千秋評論57）：該書其中部分文字，核已違反〈台灣地區戒嚴時期出版物管制辦法〉第三條第三款「為共匪宣傳」、第五款「違背反共國策」、第六款「淆亂視聽足以影響民心士氣」、第七款「挑撥政府與人民情感」之規定。依據〈戒嚴法〉第十一條第一款及〈台灣地區戒嚴時期出版物管制辦法〉第八條之規定，扣押其出版物。

74.《自由•自由•自由神》（萬歲評論32）：該書部分文字，核已違反〈台灣地區戒嚴時期出版物管制辦法〉第三條第三款「爲共匪宣傳」、第五款「違背反共國策」、第六款「淆亂視聽足以影響民心士氣」、第七款「挑撥政府與人民情感」之規定。依據〈戒嚴法〉第十一條第一款及〈台灣地區戒嚴時期出版物管制辦法〉第八條之規定，扣押其出版物。

75.《時間•時間•表》（千秋評論58）：該書其中部分文字，核已違反〈台灣地區戒嚴時期出版物管制辦法〉第三條第四款「詆毀國家元首」、第六款「淆亂視聽足以影響民心士氣」、第七款「挑撥政府與人民情感」規定。依據〈戒嚴法〉第十一條第一款及〈台灣地區戒嚴時期出版物管制辦法〉第八條之規定，扣押其出版物。

76.《台灣•台灣•台灣人》（萬歲評論33）：該書部分文字，核已違反〈台灣地區戒嚴時期出版物管制辦法〉第三條第三款「爲共匪宣傳」、第五款「違背反共國策」、第六款「淆亂視聽足以影響民心士氣」、第七款「挑撥政府與人民情感」之規定。依據〈戒嚴法〉第十一條第一款及〈台灣地區戒嚴時期出版物管制辦法〉第八條之規定，扣押其出版物。

77.《五年・五年・難》（千秋評論 59・60 合訂本）：該書部分文字，核已違反〈台灣地區戒嚴時期出版物管制辦法〉第三條第三款「爲共匪宣傳」、第六款「淆亂視聽足以影響民心士氣」、第七款「挑撥政府與人民情感」之規定。依據〈戒嚴法〉第十一條第一款及〈台灣地區戒嚴時期出版物管制辦法〉第八條之規定，扣押其出版物。

78.《下部・下部・相下部》（萬歲評論 34）：該書部分文字，核已違反〈台灣地區戒嚴時期出版物管制辦法〉第三條第四款「詆毀國家元首」、第六款「淆亂視聽足以影響民心士氣」、第七款「挑撥政府與人民情感」之規定。依據〈戒嚴法〉第十一條第一款及〈台灣地區戒嚴時期出版物管制辦法〉第八條之規定，扣押其出版物。

79.《舊仇・新恨・說》（千秋評論 61）：該書部分文字，核已違反〈台灣地區戒嚴時期出版物管制辦法〉第三條第四款「詆毀國家元首」、第六款「淆亂視聽足以影響民心士氣」、第七款「挑撥政府與人民情感」之規定。依據〈戒嚴法〉第十一條第一款及〈台灣地區戒嚴時期出版物管制辦法〉第八條之規定，扣押其出版物。

80《祝壽・祝壽・祝倒壽》（萬歲評論 35）：該書其中部分文字，核已違反〈台灣地區戒嚴時期出版物管制辦法〉第三條第三款「爲共匪宣傳」、第六款「淆亂視聽足以影響民心士氣」、第七款「挑撥政府與人民情感」之規定。依據〈戒嚴法〉第十一條第一款及〈台灣地區戒嚴時期出版物管制辦法〉第八條之規定，扣押其出版物。

81.《蔣介石研究》：該書其中部分文字，前於千秋、萬歲評論叢書各期刊載時，已予查禁、今再予刊出，核已違反〈台灣地區戒嚴時期出版物管制辦法〉第三條第四款「詆毀國家元首」、第六款「淆亂視聽足以影響民心士氣」、第七款「挑撥政府與人民情感」之規定。依據〈戒嚴法〉第十一條第一款及〈台灣地區戒嚴時期出版物管制辦法〉第八條之規定，扣押其出版物。

82.《急救‧急救‧打》（千秋評論 62）：該書部分文字，核已違反〈台灣地區戒嚴時期出版物管制辦法〉第三條第三款「爲共匪宣傳」、第六款「淆亂視聽足以危害社會治安」、第七款「挑撥政府與人民情感」之規定。依據〈戒嚴法〉第十一條第一款及〈台灣地區戒嚴時期出版物管制辦法〉第八條之規定，扣押其出版物。

83.《顏色‧顏色‧還顏色》（萬歲評論 36）：該書部分文字，核已違反〈台灣地區戒嚴時期出版物管制辦法〉第三條第三款「爲共匪宣傳」、第六款「淆亂視聽足以影響民心士氣」、第七款「挑撥政府與人民情感」規定。依據戒嚴法〉第十一條第一款及〈台灣地區戒嚴時期出版物管制辦法〉第八條之規定，扣押其出版物。

84.《通緝‧通緝‧症》（千秋評論 63）：該書其中部分文字，核已違反〈台灣地區戒嚴時期出版物管制辦法〉第三條第四款「詆毀國家元首」、第六款「淆亂視聽足以影響民心士氣」、第七款「挑撥政府與人民情感」規定。依據〈戒嚴法〉第十一條第一款及〈台灣地區戒嚴時期出版物管制辦法法〉第八條之規定，扣押其出版物。

85.《娘娘・娘娘・玩娘娘》（萬歲評論 37）：該書部分內容嚴重不妥，核已違反〈台灣地區戒嚴時期出版物管制辦法〉第三條第六款「淆亂視聽足以影響民心士氣」、第七款「挑撥政府與人民情感」之規定。依據〈戒嚴法〉第十一條第一款及〈台灣地區戒嚴時期出版物管制辦法〉第八條之規定，扣押其出版物。

86.《棺材・棺材・書》（千秋評論 64）：該書本期部分文稿內容，核已違反〈台灣地區戒嚴時期出版物管制辦法〉第三條第六款「淆亂視聽足以影響民心士氣」、第七款「挑撥政府與人民情感」之規定。依據〈戒嚴法〉第十一條第一款及〈台灣地區戒嚴時期出版物管制辦法〉第八條之規定，扣押其出版物。

87.《蔣介石研究續集》：該書部分內容不妥，核已違反〈台灣地區戒嚴時期出版物管制辦法〉第三條第六款「淆亂視聽足以影響民心士氣」、第七款「挑撥政府與人民情感」之規定。依據〈戒嚴法〉第十一條第一款及〈台灣地區戒嚴時期出版物管制辦法〉第八條之規定，扣押其出版物。

88.《埋單・埋單・要埋單》（萬歲評論 38）：該書部分內容，嚴重不妥，核已違反〈台灣地區戒嚴時期出版物管制辦法〉第三條第六款「淆亂視聽足以影響民心士氣」、第七款「挑撥政府與人民情感」之規定。依據〈戒嚴法〉第十一條第一款及〈台灣地區戒嚴時期出版物管制辦法〉第八條之規定，扣押其出版物。

89.《半坐‧半立‧笑》（千秋評論 65）：該書部分文稿內容不妥，核已違反〈台灣地區戒嚴時期出版物管制辦法〉第三條第六款「淆亂視聽足以影響民心士氣」、第七款「挑撥政府與人民情感」之規定。依據〈戒嚴法〉第十一條第一款及〈台灣地區戒嚴時期出版物管制辦法〉第八條之規定，扣押其出版物。

90.《肚皮‧肚皮‧一肚皮》（萬歲評論 39）：該書部分內容不妥，核已違反〈台灣地區戒嚴時期出版物管制辦法〉第三條第六款「淆亂視聽足以影響民心士氣」、第七款「挑撥政府與人民情感」之規定。依據〈戒嚴法〉第十一條第一款及〈台灣地區戒嚴時期出版物管制辦法〉第八條之規定，扣押其出版物。

91.《自反‧自反‧縮》（千秋評論 66）：該書轉刊匪書《金陵春夢》文稿，核已違反〈台灣地區戒嚴時期出版物管制辦法〉第二條「匪酋、匪幹之作品或譯者及匪偽出版物一律查禁」、及第三條第六款「淆亂視聽足以影響民心士氣」、及第七款「挑撥政府與人民情感」之規定。依據〈戒嚴法〉第十一條第一款及〈台灣地區戒嚴時期出版物管制辦法〉第八條之規定，扣押其出版物。

92.《羊頭‧羊頭‧掛羊頭》（萬歲評論 40）：該書部分內容不妥，核已違反〈台灣地區戒嚴時期出版物管制辦法〉第三條第六款「淆亂視聽足以影響民心士氣」、第七款「挑撥政府與人民情感」之規定。依據〈戒嚴法〉第十一條第一款及〈台灣地區戒嚴時期出版物管制辦法〉第八條之規定，扣押其出版物。

93.《千秋・萬歲・合》（千秋評論 67）：該書部分內容不妥，核已違反〈台灣地區戒嚴時期出版物管制辦法〉第三條第六款「淆亂視聽足以影響民心士氣」、第七款「挑撥政府與人民情感」之規定。依據〈戒嚴法〉第十一條第一款及〈台灣地區戒嚴時期出版物管制辦法〉第八條之規定，扣押其出版物。

94.《流氓・流氓・拜》（千秋評論 68）：該書部分內容不妥，核已違反〈台灣地區戒嚴時期出版物管制辦法〉第三條第六款「淆亂視聽足以影響民心士氣」、第七款「挑撥政府與人民情感」之規定。依據〈戒嚴法〉第十一條第一款及〈台灣地區戒嚴時期出版物管制辦法〉第八條之規定，扣押其出版物。

95.《公道・公道・爭》（千秋評論 69）：該書部分內容不妥，核已違反〈台灣地區戒嚴時期出版物管制辦法〉第三條第四款「詆毀國家元首」、第六款「淆亂視聽足以影響民心士氣」及第七款「挑撥政府與人民情感」規定。依據〈戒嚴法〉第十一條第一款及〈台灣地區戒嚴時期出版物管制辦法〉第八條之規定，扣押其出版物。

96.《蔣介石研究三集》：該書部分內容嚴重不妥，核已違反〈台灣地區戒嚴時期出版物管制辦法〉第三條第六款「淆亂視聽足以影響民心士氣」、第七款「挑撥政府與人民情感」之規定。依據〈戒嚴法〉第十一條第一款及〈台灣地區戒嚴時期出版物管制辦法〉第八條之規定，扣押其出版物。（本部查禁之李敖著《蔣介石研究三集》一書，其查禁日期請惠予更正爲『民國』76年7月6日。）

97.《外交・性交・交》（千秋評論71）：李敖等著作發行之《李敖千秋評論叢書71外交・性交・交》出版品一冊（24開本，341頁，1987年8月31日初版），其所載之〈**明辨是非，分清敵我，堅持『一國兩制』**〉一文，違反〈出版法〉規定，經轉准行政院新聞局76.10.5.（76）銘版四字12309號函核定，應予行政處分。定期停止發行一年（自中華民國76年10月11日起至77年10月10日止）並同時扣押其出版品。違反〈出版法〉第三十二條第一款，依〈出版法〉第四十條第一項第三款之規定予以處分。

98.《孫中山研究》：「李敖出版社」發行之《孫中山研究》一書（24開本，計312頁，1987年9月10日初版），

《李敖大全集》出版40冊，這是筆者擁有的20餘冊。

封面以醒目之標題「孫中山賣國」置於國父遺像之上，違反出版法規定應予行政處分，禁止出售及散布並扣押其出版品。違反〈出版法〉第三十二條第二款，依〈出版法〉第三十九條第一項第三款規定予以處分。

99.《抗議・抗議・站》（千秋評論 74）：缺查禁令。

《戰鬥是檢驗黨外的唯一標準》是李敖所訂立的一個測試黨外人士的標準。

眞正的言論自由者──李敖

金氏世界紀錄如果有「禁書冠軍」，李敖毫無疑問的是「世界冠軍」。一個人一輩子可以有 99 本禁書，絕對是破紀錄的，他一生寫書、編書、開出版社、辦雜誌、辦報紙，從不落入俗套，堅持自我的信念，勇往直前。你可以不喜歡他支持「一國兩制」，然而你無法否定他對追求「言論自由」的重大貢獻。戰後台灣，在蔣氏父子「強人威權統治」，萬人皆喑的年代，他是少數敢出聲的人物，國民黨可以「封殺雜誌」、「查禁書籍」、「將他關押」，卻無法堵住他口中及筆下的「正義之聲」。

陳芳明教授在2007年發表的〈埋伏在血液裡〉（收入《昨夜雪深幾許》一書），如此說李敖：

作爲一個旗手，李敖是我那個時代的一種願望，一種行動，一種叛逆的象徵。他的叛逆帶有桀驁不馴的架勢，也具有雄厚的歷史知識訓練。患有健忘症的台灣社會，似乎已經拭去當年他曾經開拓言論版圖的記憶，甚至也遺忘他爲這樣的行動所付出的慘重代價。

在李敖身上，我著迷的並不止於雄辯的文字，而是更加醉心於他堅持的自由主義精神。……李敖是一位勇者，也是強者。他不曾等待，而是勇於創造時機，也勇於開闢出口。

整個世代的知識份子都熱著心腸看他表演，卻沒有人鼓起勇氣加入他的行列。他比任何自命左派的知識份子還更具批判力道，並且更爲激進。……他的衝決網羅，並非只是在求得個人思想的解放，也是在護航整個社會求得心靈的釋放。……李敖的生命故事，是一個時代的共同故事；李敖的戰鬥結局，也是一個歷史的共同結局。

他的文字是實事的，也是史詩的。十年軟禁與監禁，並未使他的戰鬥意志稍退。爲了使自由精神的氣象更加開闊，他毫不避嫌與黨外運動組成聯合戰線。他不是不知道黨外的政治理念，也不是不理解運動陣營內部的恩怨情仇。但是，在自由主義思想的基礎上，李敖寧可超越自己所抱持的中國情懷，而伸出合作的手。在他身上，我眞正體會了自由主義精神的高度與寬度。

在 1980 年代，李敖曾經爲民主運動寫過一篇文字〈戰鬥是檢驗黨外的唯一標準〉，鼓舞了許多充滿政治憧憬的年輕世代。今天如果以這樣的檢驗來衡量權力在握的民主運動者，幾乎沒有多少人能夠符合標準。二十餘年來，剩下的戰鬥者唯李敖一人。以統獨立場來檢驗李敖，那是思想簡單、思考慵懶的評斷。以台灣之名，淪落至貪腐境地；以民主之名，傷害自由至深，反而比起國民黨還不堪。

李敖的思想內容與自由精神，絕對屬於台灣。當他站在北京演講，以調侃嘲弄方式對共產體制批判時，自由主義者的氣象在那時刻變得特別莊嚴。他的創造力與想像力，都是在台灣釀造。無論他同意或反對，我都覺得李敖是徹徹底底屬於台灣。

在李敖的生命裡，我見證無情的政治斤斧錯亂地留下深刮的傷痕，由於至大且鉅，那已不是一個世代能夠輕易拭去。歷史的力量不斷把他推入政治場域，即使已過七十，李敖還是被迫必須繼續戰鬥下去。

歷史是如此反覆，政治是如此無常，當我看不到健康社會降臨台灣時，叛逆之火依然埋伏在我的血液裡。

勇者已逝，他所留下的千言萬語，將給在台灣的你我及這個社會，帶來什麼樣的啓示？

24.柏楊的禁書

「夫醬缸者，腐蝕力和凝固力極強的渾沌社會也。也就是一種被奴才政治、畸形道德、個體人生觀和勢利眼主義長期斲喪，使人類特有的靈性僵化和泯滅的渾沌社會也。」

柏楊著，《死不認錯集》，1967 年 9 月初版

「在那個時代，有多少母親，爲她們囚禁在這個島上的孩子長夜哭泣。」

柏楊 ，「綠島人權紀念碑」銘文

「大陸可戀，台灣可愛，有自由的地方，就是家園。」

柏楊著，《家園》，1989 年 5 月初版

六十年代的白色恐怖

繼 1960 年蘇東啓「台獨」案、1964 年彭明敏「台灣自救宣言」案之後，1968 年元月再爆發「大力水手漫畫案」，亦即「柏楊案」。起因是：

1968 年 1 月 3 日，由柏楊妻子倪明華負責的《中華日報》家庭生活版刊登美國《大力水手》連環漫畫，故事內容爲卜派（Popeye）父子合購一小島，在島上建立國家，各自準備競選總統的對話。以下是《中華日報》的柏楊譯文：

父（卜派）站在岸邊遙望大海遠處……

父：好美的王國……

父：我是國王，我是總統，我想是啥就是啥。

子：我哩！

父：你算皇太子吧！

子：我要幹就幹總統。

父：你這小娃子……口氣可不小。

子：老頭！你要寫文章投稿啊！

父：我要寫一篇告全國同胞書。

子：全國只有我們兩個人，你知道吧！

父：但我還是要演講：

敝國乃民主國家，人人有選舉權。

子：人人，就兩個罷啦。

等我想想……嗯，我要跟你競選！

父：等我先發表競選演說。

子：好吧！

父：全國同胞們……

子：開頭不錯。

父：千萬不要投小娃票……

子：這算幹啥？

漫畫文章刊登之後，被認爲有影射兩蔣（蔣介石及蔣經國父子）之嫌，中華日報高層分別在 1 月 16 日及 1 月 22 日，向國民黨中央黨部第四組主任陳裕清提出報告。

國民黨中央黨部第四組調查後，函請台灣警備總司令部偵辦本案，副本通知司法行政部調查局，在 2 月 26 日由司法行政部調查局主持之「咸寧會報」決議，由台灣警備總司令部、台北市警察局、國民黨中央黨部第六組及調查局成立「清華專案」小組來調查。

調查局先後約談柏楊妻子倪明華（筆名：艾玫）。3 月 4 日，柏楊再度被約談， 3 月 7 日被捕。7 月 7 日移送警備總部軍法處。根據柏楊的回憶：他在調查局受到劉展華、劉昭祥、高義儒、李尊賢等調查人員三個多月的嚴厲拷打，被迫承認「與共匪隔海唱和，打擊最高領導中心，挑撥政府與人民情感」。

柏楊在答辯內透露，他並不痛恨劉展華與劉昭祥，因爲他倆只是威脅利誘。而李尊賢卻引導他非走其預定道路不可；高義儒更是喪盡天良，除了要柏楊製造冤獄外，更要柏楊羅織友人廖衡入獄。

警備總部軍法處偵結，以柏楊曾受匪訓爲匪工作爲由，觸犯〈懲治叛亂條例〉第二條第一項唯一死刑之叛亂罪提起公訴。案經警備總部軍事法庭審理結果，以柏楊在偵訊中坦承犯行，已具悔悟之意，且其犯罪情節尚非重大等由，依法減刑，於 1969 年 8 月 11 日判處 12 年有期徒刑。

妻子倪明華提出離婚請求，柏楊在獄中絕食二十一天。

1972年由軍法處監獄解送至國防部綠島感訓監獄。1975年，蔣介石病逝，減刑爲八年。1976年3月7日刑滿，被移送警備總部綠島指揮部軟禁。1977年4月1日，在美國關切下才獲釋（共囚九年又二十六天），返回台北。

一份公函查禁十九本書

警備總部在柏楊被判刑後六個月又十天，即1970年2月21日，再度對柏楊創辦的「平原出版社」下毒手，以「台灣警備總司令部（59）2. 21. 助維字第1408號函」，根據〈台灣省戒嚴時期新聞紙雜誌圖書管制辦法〉第二條第六、七款，依同法第七條之規定予以查禁扣押處分。

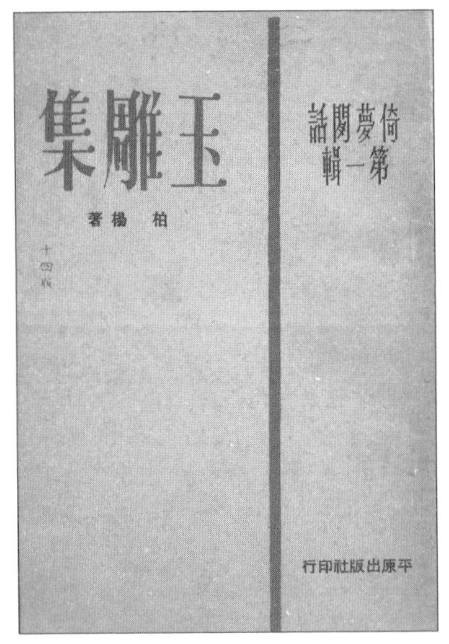

柏楊《玉雕集》，平原出版，1962年初版。

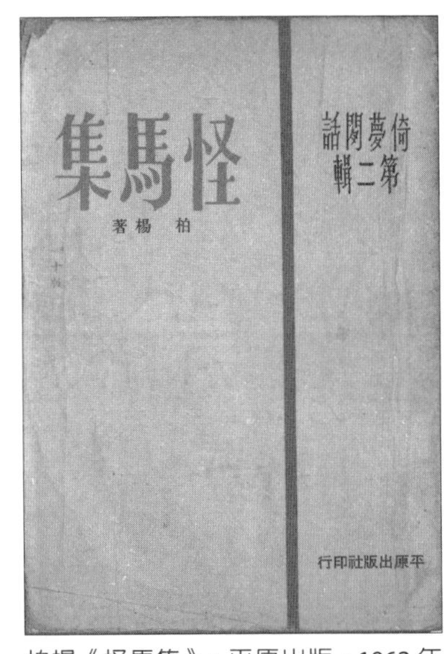

柏楊《怪馬集》，平原出版，1962年初版。

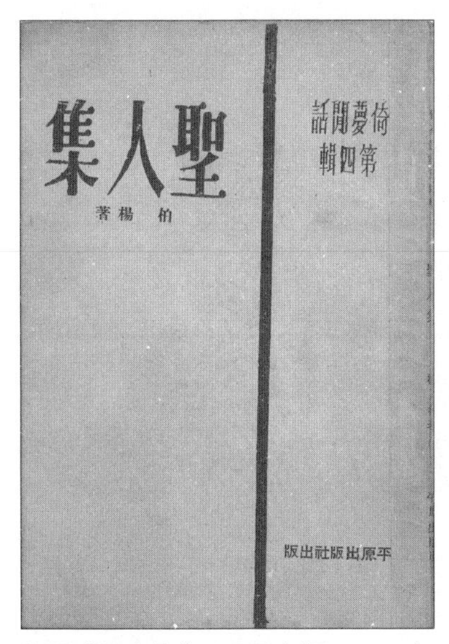

柏楊《聖人集》，平原出版，1963 年初版。

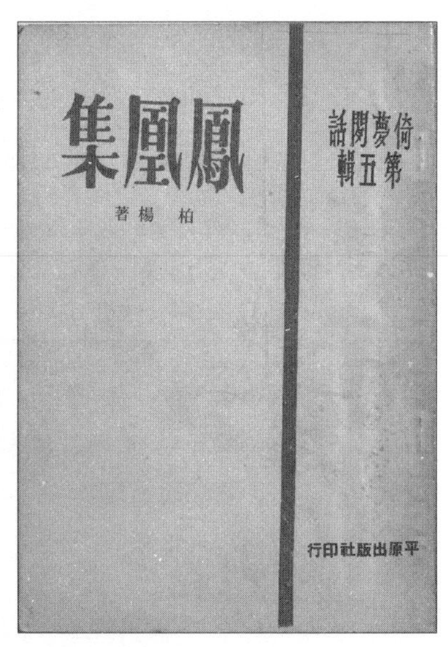

柏楊《鳳凰集》，平原出版，1963 年初版。

柏楊《高山滾鼓集》，平原出版，1963 年初版。

柏楊《道貌岸然集》，平原出版，1963 年初版。

十九種查禁書及如下：

「倚夢閒話」：1.《玉雕集》（1962）、2.《怪馬集》（1962.）、3.《堡壘集》（1963）、4.《聖人集》（1963）、5.《鳳凰集》（1963）、6.《紅袖集》（1963）、7.《立正集》（1965）、8.《魚雁集》（1966）等八冊。

「西窗隨筆」：1.《高山滾鼓集》（1963）、2.《道貌岸然集》（1963）、3.《前仰後合集》（1964）、4.《聞過則怒集》（1964）、5.《神魂顛倒集》（1964.）、6.《鬼話連篇集》（1965）、7.《大愚若智集》（1965）、8.死不認錯集》（1967）等八冊。另外是《雲遊記⑴》（1966）、《雲遊記⑵》（1967）及小說《魔鬼的網》（1966）等三冊。

首批一張公函即查禁扣押十九本柏楊作品。

1974年12月27日，孫觀漢編輯的《柏楊語錄》（1967），被以「台灣警備總司令部（63）12.27.淬梓字第9192號函」，根據〈台灣地區戒嚴時期出版物管制辦法〉第三條第七款，依同法第八條之規定，應予查禁扣押處分。

最後，蔣介石病逝的1975年4月，柏楊的「挑燈雜記」②《鼻孔朝天集》（1968）遭警總以「台灣警備總司令部（64）4.謙旺字第2460號函」，根據〈台灣地區戒嚴時期出版物管制辦法〉第三條第七款，依同法第八條之規定，應予查禁扣押處分。此時，距1968年3月7日柏楊被捕，已經關押超過七年之久。

因此，柏楊於1961年創辦的「平原出版社」，被台灣警備總司令部查禁的書籍，共有二十一冊。

學者專家的評論

李金銓教授在〈**柏楊，柏楊的筆，台灣的新聞自由與人權運動**〉論文中說：

柏楊寫十年小說，十年雜文，十年坐牢，五年雜文，十年歷史（《資治通鑑》），又從事人權教育十年，見證了台灣公共領域——從噤若寒蟬到風起雲湧——的奮鬥史。

李金銓同時也指出柏楊雜文有兩個特色：

第一，柏楊的傾向是文藝的，不是政治的。喜怒笑罵，自言是「用最不嚴肅的方式，討論最嚴肅的問題，幽默最容易凝聚讀者群，也最容易引發更多人關注我們社會的病態」。

第二，柏楊就是站在體制內的邊緣，向傳統文化和獨裁統治抗爭。然而由於雅俗共賞，他的影響力才會這麼大；他維護自由價值為學院內的自由派所接受，他發揮民間俠義精神又被視為小市民的代言人，兩股力量合流使其雜文歷數十年而不衰。

應鳳凰教授在〈**「文學柏楊」與五、六〇年代台灣主導文化**〉論文中說道：

然而郭衣洞小說，與眾不同的，他的人物與故事，背景就在台灣。他描寫自己看到的，周遭陰霾淒涼的景況，可說詳盡記錄了大陸文人遷台初期離鄉背井的血淚，他們忽然來到這塊土地，一時未能適應的精神愴痛。

換句話說，柏楊不論寫什麼型式的文學作品，不論是小說、雜文還是報導文學，骨子裡都有他個人氣質上，性格上，與生俱來的批判性和叛逆性。

柏楊的牢獄之災，名爲「叛亂」，名爲大力水手漫畫「侮辱元首」，實際原因是：寫了「官方不喜歡」的文章，再加「讀者太多」惹來的禍。換個角度說，一九六八年這場「文字獄」，正是「柏楊思想」與政府「主導文化」扞格的最佳說明。……然而他在威權體制下，所扮演的各種「文學生產者」的角色，不論作爲小說家或出版家，由於其精神上與主導文化的扞格，柏楊作品更凸顯其爲「台灣社會」或「再殖民社會」的典型產物。從這個角度出發，其作品愈是不能免於政治的，商業的「機制與牽制」，愈是台灣文學史書寫，或文學研究者不該遺落的對象。

與柏楊的因緣

我於 1984 年上來台北，向遠流王榮文老闆求職，蒙他不棄，讓我擔任「柏楊版資治通鑑」行銷企劃一職，給了我在策畫人詹宏志身邊學習的機會，更有陪同編輯麥光圭每個月二至三次到新店花園新城柏老府上送稿、取稿機會，跟柏老報告「通鑑」的零售狀況，以及柏老關心的一些事

柏楊《前仰後合集》，平原出版，1964 年初版。

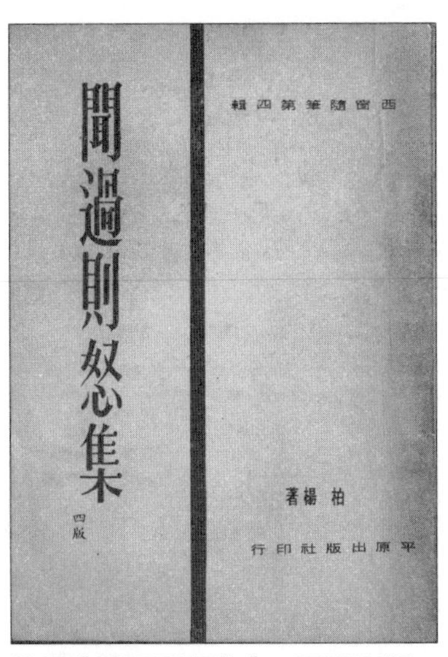

柏楊《聞過則怒集》，平原出版，1964 年初版。

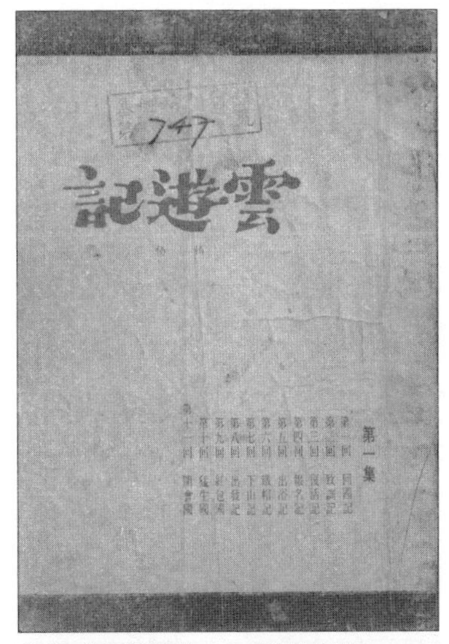

柏楊《雲遊記》1，平原出版，1966 年初版。

柏楊《雲遊記》2，平原版，1967 年初版。

孫觀漢編《柏楊語錄》，1967 年初版，七年後的 1974 年 12 月 27 日，遭到警總以涬梓字第 9129 號查禁。

《醬缸》一書，由德國學者 Jurgen Ritter（周裕耕）撰述柏楊文化批判的學術著作，1989 年 1 月 5 日由林白出版。

柏楊《鼻孔朝天集》，1968 年初版，迄至 1975 年 4 月才遭到警總以謙旺字第 2460 號函查禁。

項，更感謝張香華老師的熱情招待。雖是三十多年前的往事，但那是我個人成長的好經歷，還是要感謝柏老賢伉儷、王老闆、詹宏志、李傳理及共事的遠流同仁。

今天恰巧是柏老逝世十三週年的忌日，柏老若健在，今年是一〇一歲。柏老三十歲到台灣避難，台灣成就柏楊，柏楊也造福台灣，他的成就也是台灣文學的成就。希望大家在他的「大陸可戀，台灣可愛，有自由的地方，就是家園。」這句話之中去體悟了！

柏楊禁書表

書名	作者	出版社	出版日期	開本	頁數	查禁單位	查禁日期	公文字號	查禁條目
1.玉雕集	柏楊	平原出版	51.7	32	121	警備總部	59.2.21	助維1408	(二)6、7
2.怪馬集			51.11		189				
3.堡壘集			52.1		284				
4.聖人集			52.4		132				
5.鳳凰集			52.8		158				
6.紅袖集			52.12		148				
7.立正集			54.8		260				
8.魚雁集			55.7		172				
9.高山滾鼓集			52.9		163				
10.道貌岸然集			52.10		178				
11.前仰後合集			53.2		145				
12.聞過則思集			53.6		167				
13.神魂顛倒集			53.10		168				
14.鬼話連篇集			54.1		168				
15.大愚若智集			54.3		215				
16.死不認錯集			56.9		223				
17.雲遊記1			55.1		165				
18.雲遊記2			56.5		189				
19魔鬼的網			55.7		214				
20.柏楊語錄	孫觀漢		56.8		96		64.4	謙旺2460	(三)6
21.鼻孔朝天集			57.6		208		63.12.27	淬梓9192	(三)7

25.鄭南榕的禁書

回首來時路，五年的奮鬥歷程，猶如一頁爭取言論自由的風雲滄桑史。在國民黨當局高壓的言論箝制之下，本刊創刊迄今，歷經四十次停刊、百餘次查禁、十次言論官司，一次槍口對準人身，並遭逢不計其數的監視、監聽與騷擾。在這種有形無形的政治迫害下，本刊依然一本批判色彩與爭取百分之百的言論自由的精神，獨力撐持至今。

爲了落實對本土的關懷，本刊更進一步打破統治當局最大的言論禁忌，積極提倡台灣獨立的理想。雖然本刊爲宣揚台獨所付出的代價，比起批判統治當局與戳破軍方神話爲鉅，所受的誤解更非其他新聞刊物所能想像，然而本刊對於這些迫害與誤解的因應之道，便是從各層面將台灣獨立的眞相，做最淋漓盡致的闡揚。一本獨立自主的新聞刊物，斷無將其政治觀點與立場遮遮掩掩、避重就輕，以取悅統治當局之理。

在將來的第六個年頭，我們仍將在既有基礎之上，繼續爲言論自由打拚，並本著對台灣命運的關懷，繼續以實際行動落實台灣獨立的理念。

鄭南榕，〈落實對台灣命運的終極關懷——自由時代創刊五週年有感〉（原載《自由時代》總號第 267 期 1989.3.11.）

Nylon 生平

朋友口中的 Nylon（鄭南榕），在國民黨的分類是「福建省林森縣」的外省人第二代，但是他自稱是「福州台灣人」。在他首次求職的履歷表上寫著：「我出生在二二八事件那一年，那事件帶給我終生的困擾。因爲我是個混血兒，父親是日據時代來台的福州人，母親是基隆人，二二八事件後，我們是在鄰居的保護下，才在台灣人對外省人的報復浪潮裡，免於受害。」二二八事件和他後來強烈主張台灣獨立，並不惜以身相殉有著連帶關係。

Nylon 於 1947 年 9 月 12 日在台北出生，在宜蘭長大，建中畢業後考上成大工程科學系，發現自己對哲學、思想性探索的興趣，翌年重新考入輔仁大學哲學系，因而認識學妹葉菊蘭，後並結爲一生的伴侶。

1968 年，Nylon 插班考上台大哲學系，並定期拜訪已遭國民黨禁止教書且嚴密監視的殷海光教授，直到有一天，殷海光吩咐他：「不要再來了，這樣對你不好，你要好好把握自己。」這才結束了這段緣分。1971 年，他因爲拒絕修「國父思想」這門課，而放棄畢業證書。離開台大時，他自覺是煥然一新的人，他回憶道：「我完全告別童騃的無知，我強烈感受到台灣不公不義的現象，也明確下定了本土化思想的決心！」

預官退伍後，他和相戀多年的葉菊蘭結婚，開始進入民間企業界工作，幹過外銷業務、進口保健食品、經銷文具及書刊，因爲「沒有錢、沒經驗」，所以沒成功。1980年底，爲參選國大代表的周清玉助選。嗣後至1984年初，他以自由作家身分，爲《政治家》半月刊、《深耕》雜誌寫稿，更聘請洪貴參律師擔任法律顧問。

Nylon於1984年初籌辦《自由時代》系列週刊創辦事宜，在現實面上：一、找朋友當「人頭發行人」，作爲停刊的備胎。二、四處借錢，籌募創刊資金。三、標會、借錢買房子，免得被侵犯。四、力邀李敖出任雜誌社總監，爲週刊奠定良好基礎。在心理面上則是：「被抓、被殺都不怕，總之，就是一路奮戰到底。」同年3月12日，《自由時代》週刊創刊，創辦人鄭南榕，發行人林世煜，總監李敖，社長陳水扁。Nylon向「爭取百分之百的言論自由」目標開始出發。

《先鋒時代》發行人胡慧玲（林世煜夫人）曾念過他說：「他媽的，鄭南榕，我這張台大歷史系的畢業證書，唯一的用途，就是當你的發行人！」而聽此言的鄭南榕則是開心大笑，眼睛亮亮的，帶著「這是給你光榮」的意味。胡慧玲也承認這是她生命裡的光榮印記，也是屬於台大歷史系的光榮印記。

鄭南榕是一位「行動思想家」，信仰自由主義，堅持個人的尊嚴，生命價值的追求。《自由時代》週刊不僅對抗國民黨的言論箝制，揭發蔣氏父子與國民黨的政治黑幕；在1986年初開始出版「自由時代系列叢書」由謝聰敏的《談景美軍法看守所》、王育德的《苦悶的台灣》、史明的《台灣人四百年史》等三十多種的查禁書籍。

1986年，Nylon推動「五一九綠色行動」，帶領群眾在龍山寺集會，抗議戒嚴三十七週年；1987年2月4日，甫因「違反選罷法」未審先關近八個月牢獄的鄭南榕，剛出獄即邀集陳永興、李勝雄等人，組織「二二八和平日促進會」，要求國民黨當局公布二二八歷史眞相、平反冤屈、訂定二二八爲和平日。四十年來，「二二八事件」首次得以正式公開攤在陽光下，使生者得到安慰，死者得以祭弔。

1987年4月18日晚上，在台北市金華國中舉行的「反對國安法示威說明會」上，他當著上萬群眾面前說：「**我是鄭南榕，我主張台灣獨立！**」開啓了「台獨運動」在島國上的新頁。他也在《自由時代》系列週刊第169期「時代觀點」專欄以〈我主張台灣獨立〉爲文，強烈反對「戒嚴」，並堅信：人民有充分表達政治態度與主張的自由。所以，「基於對台灣未來福祉的深切關懷，我主張台灣應該獨立。」

同年五月十九日，他在孫文紀念館舉辦「五一九示威」，要求「解嚴」及抗議〈國家安全法〉的制定。九月，他籌劃「蔡有全、許曹德台獨案」聲援活動在全國熱烈展開。

1988年11月16日，他和「台灣政治受難者聯誼總會」共推「新國家運動」全國四十天大行軍。12月10日在《自由時代》週刊第254期刊登許世楷博士的〈台灣共和國新憲法草案〉；1989年1月21日，收到高檢處「涉嫌叛亂」傳票，弟弟肇基問他對官司有何打算，Nylon以「Over my dead body」作爲回應。1月27日，他公開宣布「國民黨抓不到我的人，只能抓到我的身體」，開始在雜誌社部署防禦工事，展開他生命中最後七十一天（至4月7日侯友宜領軍上門抓捕）的「自囚」生涯。

胡慧玲在〈鄭南榕的故事〉說；「我唯一可以確信的是，一九八九年四月七日上午九點，當警察前來強行拘提時，他迅速走入總編輯室，反鎖房門，全身澆滿汽油，點燃打火機的那一剎那，鄭南榕的心情，必然是充滿平安和喜樂的。」

鄭南榕的《時代觀點》專書，1986年7月初版。

《自由時代》系列週刊

週刊名稱	發行人	總期數	停刊日期	
自由時代	林世煜	1～12	1984.5.26.	停刊一年
先鋒時代	胡慧玲	13～14	1984.6.9.	停刊一年
民主時代	顏錦福	15～17	1984.7.3.	停刊一年
民主叢刊	鄭南榕	18		
開拓周刊	葉菊蘭	19～23	1984.8.14.	停刊一年
發展週刊	周伯倫	24～35	1984.11.4.	停刊一年
發揚週刊	張貴木	36～51	1985.3.14.	停刊一年
民主天地	王鎮輝	52～71		
自由時代	林世煜	72～84	三日刊（雙號）	
民主天地	王鎮輝	73～83	三日刊（單號）	

民主天地	王鎮輝	85～95	1985.11.12.	停刊一年
先鋒時代	胡慧玲	96～107	1986.2.7.	停刊一年
民主時代	顏錦福	108～128	1986.7.15.	停刊一年
開拓時代	葉菊蘭	129～157	1987.1.27	停刊一年
自由時代	林世煜	158～188	1987.9.6.	停刊一年
先鋒時代	胡慧玲	189～191	1987.9.27	停刊一年
發揚時代	張貴木	192～196	1987.11.1.	停刊一年
民主時代	顏錦福	197～199	1987.11.22	停刊一年
開拓時代	葉菊蘭	200～203	1987.12.24.	停刊一年
人權時代	曾台生	204～207	1988.1.17.	停刊一年
公論時代	劉會雲	208～209	1988.1.29.	停刊一年
新聞時代	鄭肇基	210～213	1988.3.4.	停刊一年
全元時代	廖永全	214～215	1988.3.13.	停刊一年
進步時代	楊清山	216～221	1988.4.27.	停刊一年
創新時代	田永人	222～226	1988.6.1.	停刊一年
創造時代	葉善輝	227～232	1988.7.8.	停刊一年
爭鳴時代	邱美緣	233～237	1988.8.17	停刊一年
新潮時代	張立明	238～240	1988.9.9.	停刊一年
自由時代	林世煜	241～242	1988.9.22.	停刊一年
台灣時代	江瑞添	243～246	1988.10.19	停刊一年
先鋒時代	胡慧玲	247～250	1988.11.17.	停刊一年
全元時代	廖永全	251～252	1988.11.26.	停刊一年
發揚時代	張貴木	253～254	1988.12.9.	停刊一年
民主時代	顏錦福	255～256	1988.12.25	停刊一年
開拓時代	葉菊蘭	257	1989.1.4.	停刊一年
捍衛時代	林凌峰	258～263	1989.2.15.	停刊一年
公論時代	劉會雲	264	1989.2.22.	停刊一年
寶島時代	林美娜	265	1989.2.28.	停刊一年

鄉土時代	蔡文旭	266～273	1989.4.27.	停刊一年
新聞時代	鄭肇基	274～275	1989.5.12.	停刊一年
進步時代	楊清山	276～278	1989.6.2.	停刊一年
戰鬥時代	林曉霞	279～281	1989.6.16.	停刊一年
創新時代	田永人	282～283	1989.7.6.	停刊一年
獨立時代	林重謨	284～287	1989.8.2.	停刊一年
創造時代	葉善輝	288～290	1989.8.21.	停刊一年
爭鳴時代	邱美緣	291～293	1989.9.9.	停刊一年
新潮時代	張立明	294～295	1989.9.26.	停刊一年
自由時代	林世煜	296～300	1989.10.28.	停刊一年
台灣時代	江瑞添	301～302	1989.11.11.	自動停刊

鄭南榕的《自由時代》系列週刊，從1984年3月12日創刊號到1989年11月11日發行第302期後，因不堪財務損失而自動停刊，共有五年八個月。不僅發行302期週刊，還發行1986年「桃園機場事件」、1988年「五二〇事件」等多期號外，同時也出版三十多種書籍；最讓國民黨頭痛的是：他在每期雜誌封底「爭取百分之百的言論自由」、1986年「五一九綠色行動」、1987年「二二八和平日促進會」、1988年「新國家運動」、在演講會中公開「主張台灣獨立」，以及用自焚堅持他的「言論自由」與「台灣獨立」信念。

五年八個月的雜誌出刊期間，從上列資料中，你可發現，光遭國民黨「停刊一年」的次數有四十四次，查禁期刊近兩百次，動用發行人次數高達四十八人次，發行人共有二十二人之多。我們要特別感謝這些發行人，他們在那風聲鶴唳的年代，有著「提頭來見」的勇氣，讓鄭南榕得以揮灑他的理念與追求，對祖國台灣的民主、自由做出莫大的貢獻。

鄭南榕出版的書籍

自由時代系列叢書

書　名	作者	發行人	出版	頁數
1.談景美軍法看守所	謝聰敏著	鄭南榕	1986.2.	304頁
2.我所認識的蔣介石	馮玉祥著	鄭南榕	1986.2.	328頁
3.江南文選	江南著	鄭南榕	1986.3.	231頁
4.蔣介石臉譜	史迪威等	鄭南榕	1986.4.	244頁
5.江南事件海外檔案	崔蓉芝等	鄭南榕	1986.6.	331頁
6.時代觀點	鄭南榕著	鄭南榕	1986.7.	142頁
7.我愛托斯基	托斯基著	鄭南榕	1986.8 .	268頁
8.贛南憶舊錄	曹雲霞著	鄭南榕	1986.11.	151頁

鄭南榕發行的近三十本書籍。

9.苦悶的台灣	王育德著	鄭南榕	1986.12.	280頁
10.民主進步黨	謝長廷著	鄭南榕	1987.3.	110頁
11.煉獄餘生錄	鍾謙順著	鄭南榕	1987.4.	409頁
12.國民黨喪國記	美國務院	鄭南榕	1987.9.	311頁
13.失敗的悲劇者—蔣介石	法新社	鄭南榕	1987.9.	205頁
14.台灣獨立的展望	陳隆志著	鄭南榕	1987.10.	294頁
15.賤民？福爾摩沙人的悲歌	林濁水	鄭南榕	1988.6.	294頁
16.台灣經濟大震撼	柯宗憲著	鄭南榕	1988.7.	300頁
17.時代觀點第二卷	鄭南榕著	林世煜	1988.8.	235頁
18.風起雲湧	劉重義等	林世煜	1988.10.	217頁
19.一代軍閥郝柏村	編輯部	胡慧玲	1988.12.	279頁
20.韓國學生運動史	李在五著	胡慧玲	1989.2.	601頁
21.時代觀點第三卷	鄭南榕著	胡慧玲	1989.10.	224頁

台灣文史叢刊

1. 心酸六十年	鍾逸人著	林世煜	1988.6.	655頁
2.重塑台灣的心靈	謝里法著	林世煜	1988.7.	261頁
3.百家春	陳雷著	林世煜	1988.8.	158 頁
4.大統領廖文毅投降始末	李世傑	胡慧玲	1988.11.	345頁
5.許曹德回憶錄	許曹德著	胡慧玲	1989.1.	439頁
6.台灣總督府	黃昭堂著	胡慧玲	1989.5.	293頁
7.日據時代台灣共產黨史	盧修一	胡慧玲	1989.11.	257 頁
台灣人四百年史	史明著	鄭南榕	1988.3.	1540 頁
台灣未來的描繪	許世楷著	鄭南榕	無出版日	128頁
建設東方瑞士	張燦鍙著	鄭肇基	無出版日	100頁
台灣共和國基本法草案	林義雄著	林義雄		76頁

這三十二種叢書中，在解嚴之後，仍然有出版社繼續出版流通的有：

謝聰敏《談景美軍法看守所》，九〇年後由前衛出版社再版，迄今已多次再版。

王育德《苦悶的台灣》，自立晚報出版部在 1993 年曾出版一次，前衛出版社在 2000 年前後出版《王育德全集》一套十五冊。

鍾謙順《煉獄餘生錄》，由前衛出版於九〇年後再版。

陳隆志《台灣獨立的展望》，由自然主義出版再版，後由陳隆志基金會收回自行出版。

林濁水《賤民？福爾摩沙人的悲歌》，由前衛出版蒐羅在「林濁水文集」中，改以原名《瓦解的帝國》出版。

鍾逸人《辛酸六十年》，九〇年代時鍾老寫出第二冊，先以《辛酸六十年》上下兩冊出版上市；鍾老於 2000 年後寫出第三冊，再改書名爲《狂風暴雨一小舟》、《煉獄風雲錄》、《火的刻痕》出版。

謝里法《重塑台灣的心靈》，在九〇年代後由前衛出版增訂改名爲《台灣心靈探索》出版上市。

許曹德《許曹德回憶錄》，由前衛出版於九〇年代後再版上市，許先生於前幾年完成第二冊，改以《許曹德回憶錄》上下兩冊再版，許先生不幸於前些年病逝，要多謝他爲台灣「戒嚴時期」的苦難留下他寶貴的證言。

黃昭堂《台灣總督府》，由前衛出版接手再版，迄今已再版、改版多次，仍是台灣人瞭解日本治理台灣的重要參考資料，昭堂主席雖已逝世多年，他爲台灣付出的努力，台灣人不應該忘記，多謝昭堂主席！

盧修一《日據時代台灣共產黨史》，由前衛出版於九〇年代後再版上市，他在蘇貞昌台北縣長選戰中的「驚天一跪」，使得蘇貞昌贏得縣長寶座，這種「爲公無私」的精神，充分展示台灣人的「俠義」，至今仍讓人感念不已。

鄭南榕在當時出版《台灣人四百年史》的幕後故事，在2009年《好國好民——鄭南榕逝世二十週年紀念特刊》中，蔡易達（週刊譯者，東京大學文學博士，現執教於日本帝京大學）才在〈遺忘〉一文透露出來：

記得他（指鄭南榕）曾問我有沒有史明先生的《台灣人四百年史》，他想看一看。當我把辛苦借來的書交給他時，他笑著說，我們來出版吧。

幾天後，我拿回來的是被分了屍的一堆書頁。在來不及向他抗議、更找不出理由向原書的主人解釋時，那本在當時光是持有影印本就會被迫辭去教職的鉅著，就從選舉場的攤販開始，在台灣各地不斷地繁殖再繁殖。更多人可以把那本厚書帶回家，眞心接受左派台灣史觀的洗禮也好，當成書架上的擺飾也罷。

這不過是Nylon過人的行動力所點燃的火種之一。

我不知道有多少人被那本書啓蒙。但是我卻知道前國史館長張炎憲恩師，至今還弄不清楚他那本冒著多少危險從海外帶回來的書究竟流落何方。

《時代觀點 2》專書，1988 年 9 月初版。

《時代觀點 3》在鄭南榕於 1989 年 4 月 7 日自焚後，才於 10 月結集出版。

史明先生潛回台灣定居後，花費大把精神與體力辛苦整理成三大冊，由史明基金會出版上市。

爭取百分之百的言論自由。（自由時代週刊封底）

我是鄭南榕，我主張台灣獨立。（金華國中， 1987.4.18）

我們是小國小民，但是我們是好國好民！（獄中日記）

節錄三句 Nylon 的話，與您共同打拚追求獨立美好的台灣！

紀念那段黨外青春年代

從 1975 年 8 月閱讀《台灣政論》開始，我就盡可能保留每一本買到的黨外雜誌及書籍。1980 年投入書報社工作後， 是謀生兼興趣，又因國民黨瘋狂查禁，遂萌生「爲後人保留一本」的初心，如今家中眞是「書滿爲患」。

從 2015 年到 2021 年的七年時間，我主要工作是找禁書資料、消化資料、挑選禁書、閱讀禁書、釐清如何寫禁書，可以說頭腦想的、手上做的都離不開禁書，就這樣完成四本書，五十萬字左右。

解嚴初期，友人之間會開玩笑說，還是戒嚴好，因爲警備總部只要一查禁，鐵定有好康的，你只要買來看就對了！簡直把警備總部的「查禁目錄」，當成是你的「購書指南」。解嚴之後，你得在一年數萬冊新書中，自己花費大把時間去慢慢尋找你需要的書，這是不是另一種不幸？

想知道李敖、柏楊、鄭南榕等人，有多少種禁書？爲何被查禁？查禁的原因是？打開本書，你將會知道它的來龍去脈。附錄中的四個戰後國民黨佔台的「查禁命令」條文，可以讓你讀出時代的變化及其緣由。

多謝您的閱讀，在「武漢肺炎」猖獗的此刻，保護好自己及家人，祝福您平安如意！闔府安康！

附錄一

本書介紹之「查禁圖書」相關資料

	書名	作者	出版者	出版年月
1.	《心鎖》	郭良蕙	大業出版	51.9
2.	《實庵自傳》	陳獨秀	傳記文學	56.9.1
	《陳獨秀自述》	陳獨秀	王家出版	57.3.20
3.	《山河歲月》	胡蘭成	遠景出版	64.5
4.	《大漢奸周佛海日記》	周佛海	藍燈文化	65.6.10
5.	《台灣的明天》	趙明編	文智出版	67.12.23
6.	《近代中國思想史》	郭湛波	無	無
7.	《黨外文選1984》	吳乃仁	編聯會	
8.	《我的轉捩點》	陳庭茂	自印	
9.	《二二八真相》	王拓編	無	無
10.	《二月杜鵑紅》	曾心儀編	自印	
11.	《蔣經國系史話》	蔡省三、曹雲霞	大人物	

開數	頁數	查禁			
		機關	日期	字號	原因
32	383	台灣省政府	52.1.15	新一字 〇三一九	三十九 一3
32	127	警備總部	58.1.20.	鑑遠〇七〇二	
32	123	警備總部	57.12.31	諧西 一三三六八	
32	296	警備總部	64.12.20	謙旺八五六六	三6
32	202	警備總部	65.10.8	謙旺五〇一九	三3、4、 5、6
32	218	警備總部	67.12.23	謙旺五六三四	三5、6
24	501	警備總部	68.5.11	謙旺一八四八	一 二 三5
16	208	警備總部	75.1.9	劍佳〇〇五二	三5、6、7
24	280	警備總部	75.1.15	劍佳〇〇七六	三3、6
24	452	警備總部	75.1.15	劍佳〇二二二	三6、7
16	80	警備總部	75.1.21	劍佳〇二七三	三6、7
32	275	警備總部	75.2.6	劍佳〇六三一	三4、6

12.	《贛南憶舊錄》	曹雲霞	鄭南榕	75.10
13	《新黨救台灣》	尤清	自印	75.10
14.	《蔣家王朝》	縈孟源	自由台灣	
15.	《民主進步黨成立．許信良闖關回台專集》	許國泰	深耕系統	75.11.1
16.	《二二八醫界再出發》	林永豐	自印	75.11
17.	《美麗島之後－領導黨外的人》	劉守成	田秋堇	75.11
18.	《台灣之將來－學術論文集》	吳昱輝編	新台政論	75.11
19.	《苦悶的台灣》	王育德	鄭南榕	75.12
20.	《重塑台灣的心靈》	謝里法	自由時代	77.7
21.	《二二八事件學術論文集》	陳芳明編	前衛出版	77.9.15
22.	《在時代分合的路口》	陳芳明	前衛出版	78.7.15
	《在美麗島的旗幟下》	陳芳明	前衛出版	78.7.15
23.	李敖的禁書	詳本書內頁		
24.	柏楊的禁書	詳本書內頁		
25.	鄭南榕的禁書	詳本書內頁		

資料來源：

1. 根據作者現存資料及向國家檔案管理局申請查禁資料集合整理而成。
2. 表格內之日期為民國年份，如 52.1.15 是民國 52 年 1 月

24	151	警備總部	75.10.28	劍佳五一〇五	三6、7、8
24	218	警備總部	75.11.11	劍佳五三四七	三5、6、7
24	320	警備總部	75.11.11	劍佳五三五七	二 三3、4、6、7
16	72	警備總部	75.11.17	劍佳五四五〇	三5、6、7
24	202	警備總部	75.11.21	劍佳五五二三	三6、7
16	127	警備總部	75.11.26	劍佳五六三二	三6、7
24	302	警備總部	75.12.15	劍佳五三七五	三6、7
24	288	警備總部	75.12.22	劍佳六〇九〇	三3、4、6、7
24	261	台北市政府	77.9.10	府新一字二七二七四六	三十二條一
24	300	台北市政府	78.8.29	府新一字三五八八九〇	三十二條一
24	320	台北市政府			三十二條一
24	323	台北市政府	78.8.3	府新一字三五一八八六	三十二條一

15日。

3. 查禁原因在民國59年5月22日後，均根據〈台灣地區戒嚴時期出版物管制辦法〉處理，原因欄內如三6、7，即爲第三條第六、七項。

台灣省戒嚴期間新聞雜誌圖書管理辦法

中華民國 38 年 5 月 28 日奉台灣省警備總司令部總致字第 83 號代電核准

一、本辦法根據本省戒嚴令第三條及戒嚴規定事項訂定之。

二、凡詆毀政府或首長，記載違背三民主義，挑撥政府與人民感情，散佈失敗投機之言論及失實之報導，意圖惑亂人民視聽，妨害戡亂軍事進行，及影響社會人心秩序者，均在查禁之列。

三、類別：

甲、內政部已有明令查禁者。

乙、未經內政部明令查禁，而其性質與第二條所列之情節相同者，亦在查禁之列，其名稱由本部隨時公布之。

丙、未經依法辦理聲請登記核准有案擅自發刊者。

丁、洩漏下列未經軍事新聞發布機關正式公布之軍事機密者：

（一）國軍剿匪部隊（包括陸海空軍及保安隊地方團隊）之兵種編制裝備番號駐防或作戰地點部隊集中與調動之日期及地點；

（二）國軍秘密軍事會議內容作戰計劃及命令；

（三）國軍軍事最高當局及高級指揮官之行動及其軍事報告或計劃；

（四）國軍所用戰器之性能；

（五）國軍作戰之戰界或損失及補充之情形；

（六）俘虜之含有秘密性口供；

（七）國軍軍用飛機場要塞測量局電台軍器與燃料倉庫重要軍需工業之地點及設備情形；

（八）國軍防禦工事供應給養之交通線及後方防空設備之地點及內容。

（九）國軍整訓之實施及後方訓練基地之詳細情形；

（十）駐紮各綏靖區內部隊之現狀；

（十一）共匪在國軍後方流竄擾亂情形及其在匪區用以欺騙軍民于一時之懷柔政策；

（十二）當地最高軍事機關認爲足資共匪利用之有關軍事資料或文件。

四、管制辦法：

（一）由本部會同郵局悉予檢扣，本省人民凡接獲是項文字記載者，應將原件呈送當地警局，並說明與發件人之關係，如存匿不報或私相傳遞蓄意使其流傳，一經查獲，即以意圖妨礙戡亂罪論處。

（二）由各地區駐軍、憲兵隊、警察局嚴密查禁，經售或持有該項文字記載之書店或人民，應悉數將其呈交當地警局，不得有存匿不報及私相傳遞之行爲。

（三）各港口交通站之檢查機關，對旅客攜帶之行李及在該地起卸之印刷品應嚴密檢查，如發覺有該項文字記載，應即沒收，並視其動機及數量之多寡決定對持有人懲處與否。

（四）情節輕者予以警告，情節重者予以拘捕，依法懲處，並沒收其書畫報刊或封閉其店肆館所。

五、本辦法自宣布戒嚴之日起實行。

資料來源：

引自《新聞自由（1945-1960）》，364-366頁，國史館，2002年12月初版。

台灣省戒嚴期間新聞雜誌圖書管制辦法

中華民國三十九年三月十八日奉
東南軍政長官公署（三九）署防字一三二號代電核准

一、本辦法根據戒嚴法第十一條第一項及台灣省戒嚴令第三條第六項訂定之。

二、凡詆毀政府或首長，記載違背三民主義挑撥政府與人民感情散布失敗投機之言論及失實之報導，意圖淆亂人民視聽，妨礙戡亂軍事進行，或誨淫誨盜之記載，影響社會人心秩序者，均查禁之。

三、有左列情形之一者查禁之。

甲、內政部及本省省政府新聞處已有明令查禁者，性質與第二條所列之情節相同者。

乙、未經內政部及本省省政府新聞處明令查禁而其性質與第二條所列之情節相同者，亦在查禁之列，其名稱由本部隨時公布之。

丙、未經依法辦理聲請登記核准有案，擅自發刊者。

丁、洩漏下列未經軍事新聞發布機關正式公布之軍事機密者。

（一）國軍剿匪部隊（包括陸海空軍及保安隊地方團隊）之兵種編制裝備番號駐防或作戰地點。部隊集中與調動之日期及地點。

（二）國軍秘密軍事會議內容作戰計劃及命令。

（三）國軍軍事最高當局及高級指揮官之行動及其軍事報告或計劃。

（四）國軍所用戰器之性能。

（五）國軍作戰之戰界或損失及補充之情形。

（六）俘虜之含有秘密性口供。

（七）國軍軍用飛機場要塞測量局電台軍器與燃料倉庫重要軍需工業之地點及設備情形。

（八）國軍防禦工事供應給養之交通線，後方防空設備之地點及內容。

（九）國軍整訓之實施，及後方訓練基地之詳細情形。

（十）駐紮各地區內部隊之現狀。

（十一）共匪在國軍後方流竄擾亂情形，及其在匪區用以欺騙軍民於一時之虛偽手段。

（十二）當地最高軍事機關認為足資共匪利用之有關軍事資料或文件。

四、管制辦法

（一）凡在台灣出版及運入台灣之書刊報紙雜誌，均應送三份至台灣省保安司令部以備審查。

（二）由台灣省保安司令部會同郵局檢查，遇有應查禁報紙雜誌書刊，即予扣留。

（三）本省人民凡接獲反動文字記載者，應將原件呈送當地警察局並說明與發件人之關係，如存匿不報或私相傳遞，蓄意使其流傳，一經查獲即予拘辦。

（四）各地區憲兵隊警察局應負責查禁經售或持有違禁之報紙雜誌書刊。

（五）各港口機場及車站之檢查機關，對旅客攜帶之行李，及在該地起卸之印刷品，應嚴密檢查，如發現有違禁之文字記載，應即沒收，並視其動機及數量之多寡，決定對持有人懲處與否。但懲處時應將其情形呈報台灣省保安司令部。

（六）持有或販賣違禁之報紙雜誌書刊之人，情節輕者予以警告，情節重者予以拘捕依法懲處，並沒收其書報刊物或封閉其店肆館所。

（七）本辦法自呈奉東南軍政長官公署核准公布之日施行。

資料來源：

引自《新聞自由（1945-1960）》，367-369頁，國史館，2002年12月初版。

台灣省戒嚴期間新聞紙雜誌圖書管制辦法（修正本）

行政院四十二年七月二十七日內字四三三〇號令准予備查

第一條：依戒嚴法第十一條第一款之規定特訂本辦法。

第二條：新聞紙、雜誌、圖書、告白、標語及其他出版品不得為下列各款記載：

一、未經軍事新聞發布機關公布屬於「軍機種類範圍令」所列之各項軍事消息；

二、有關國防政治外交之機密；

三、為共匪宣傳之圖畫文字；

四、詆譭國家元首之圖畫文字；

五、違背反共抗俄國策之言論；

六、足以淆亂視聽，影響民心士氣，或危害社會治安之言論；

七、挑撥政府與人民情感之圖畫文字。

第三條：本戒嚴地區遇有變亂或戰事發生，本省保安司令部於必要時，得對新聞紙雜誌及其他出版品實行事先檢查。

前項措施之開始另以命令行之。

第四條：凡在本省發行之新聞紙、雜誌、圖書及其他出版品，應於發行時檢具一份送本省保安司令部備查。

第五條：新聞紙、雜誌、圖書及其他出版品來台行銷，應呈經主管機關核准後，始得進口。

第六條：書刊進口時，由本省保安司令部施行檢查。

第七條：違反本辦法第二條之規定者，除法令另有規定外，得按其情節輕重，予以處分，並得扣押其出版品。

第八條：違反本辦法第四條之規定者，得比照出版法第三十八條第一款之規定辦理之。

第九條：違反本辦法第五條之規定者，得將該項書刊扣押，並得酌情退還原地或補辦申請進口手續。

第十條：本辦法自公布之日施行。

資料來源：

引自《新聞自由（1945-1960）》，387-388頁，國史館，2002年12月初版。

附錄五

台灣地區戒嚴時期出版物管制辦法

行政院59年5月5日台59內三八五八號令核准修正

國防部59年5月22日（59）崇法字一六三三號令公佈

第一條：爲管制出版物特依戒嚴法第十一條第一款之規定訂定本辦法。

第二條：匪酋、匪幹之作品或譯著及匪僞之出版物一律查禁。

第三條：出版物不得有左列各款情形之一：

一、洩漏有關國防、政治、外交之機密者。

二、洩漏未經軍事新聞發佈機關公布屬於「軍機種類範圍令」所列之各項軍事消息者。

三、爲共匪宣傳者。

四、詆譭國家元首者。

五、違背反共國策者。

六、淆亂視聽，足以影響民心士氣或危害社會治安者。

七、挑撥政府與人民情感者。

八、內容猥褻有悖公序良俗或煽動他人犯罪者。

第四條：本戒嚴地區遇有變亂或戰事發生，台灣警備總司令部對出版物得事先檢查。前項措施之開始，另以命令行之。

第五條：凡在本地區印刷或出版發行之出版物，應於印就發行時，檢具樣本一分，送台灣警備總司令部備查。

第六條：在本地區以外之出版物，除確供自用，經港口機場檢查單位查核放行者外，應呈經主管機關核准後，始得進口。

第七條：凡出版物進口時，應由台灣警備總司令部查驗。

第八條：出版物有本辦法第二條或第三條之情事者，對其出版發行人應依有關法令予以處分，並扣押其出版物。

第九條：違反本辦法第五條之規定者，得比照出版法第三十八條第一款之規定辦理之。

第十條：違反本辦法第六條之規定者，應將其出版物扣押，其在一個月內，提出申請經主管機關核准者，得以補辦進口手續後發還。

第十一條：本辦法自公佈日施行。

資料來源：引自《新聞自由（1945~1960）》，387~388頁，國史館，2002年12月初版。

參考書目

1. 郭良蕙，《心鎖》，九歌出版，2002 年 1 月 1 日初版。
2. 國立台灣文學館，《郭良蕙》，2018 年 12 月初版一刷。
3. 陳獨秀，《實庵自傳》，傳記文學出版，1967 年月初版。
4. 陳獨秀，《陳獨秀自述》，王家出版，1968 年 3 月初版。
5. 胡蘭成，《山河歲月》，遠景出版，1975 年 5 月初版。
6. 周佛海，《大漢奸周佛海日記》，藍燈文化，1976 年 6 月 10 日初版。
7. 周佛海，《周佛海日記》，上海人民出版，1984 年 2 月第一版。
8. 王曉華．張慶軍，《大紅大黑周佛海》，上海人民出版，2002 年 6 月第一版。
9. 《陳公博．周佛海回憶錄合編》，香港春秋出版社，1971 年 9 月再版。
10. 趙明編譯，《台灣的明天》，文智出版，1978 年 12 月初版。
11. 許一文，《增設中央第四國會芻議》，自印，1978 年 6 月初版。
12. 郭湛波，《近代中國思想史》，香港龍門書店，1979 年 4 月台灣盜版。

13. 黨外編聯會，《黨外文選 1984》，1985 年 12 月初版。
14. 陳庭茂，《我的轉捩點》，自印，無出版日期。
15. 《二二八眞相》，無出版社及出版日期。
16. 曾心儀編，《二月杜鵑紅》，自印，1986 年 2 月初版。
17. 蔡省三．曹雲霞，《蔣經國系史話》，香港 1978 年版。
18. 曹雲霞，《贛南憶舊錄》，鄭南榕發行，無出版日期。
19. 尤清，《新黨救台灣》，曹子勤發行，無出版日期。
20. 自由台灣系列，《蔣家王朝》，無作者、無出版日期。
21. 《民主進步黨成立．許信良闖關回台專集》，許國泰發行，1986 年 11 月 15 日初版。
22. 林永豐，《二二八醫界再出發》，自印，無出版日期。
23. 劉守成，《美麗島以後——領導黨外的人》，田秋堇發行，無出版日期。
24. 吳昱輝編，《台灣之將來學術論文集》，新台政論雜誌社，無出版日期。
25. 王育德，《苦悶的台灣》，鄭南榕發行，無出版日期。
26. 謝里法，《重塑台灣的心靈》，自由時代出版社，1988 年 7 月初版。
27. 謝里法，《台灣心靈的探索》，前衛出版，1999 年 11 月初版第一刷。
28. 陳芳明編，《二二八事件學術論文集》，前衛出版，1988 年 9 月 15 日台灣初版一刷。
29. 陳芳明，《在時代分合的路口》，前衛出版，1989 年 7 月 15 日台灣版第一刷。

30. 陳芳明，《在美麗島的旗幟下》，前衛出版，1989 年 7 月 15 日台灣版第一刷。
31. 李敖，《爲中國思想趨向求解答》，文星書店，1964 年 6 月初版。
32. —，《教育與臉譜》，文星書店，1964 年 8 月初版。
33. —，《歷史與人像》，文星書店，1964 年 1 月初版。
34. —，《文化論戰丹火錄》，文星書店，1964 年 7 月初版。
35. —，《傳統下的獨白》，文星書店，1965 年 11 月初版。
36. —，《獨白下的傳統》，遠景出版，1979 年 6 月初版。
37. —，《李敖文存》、《李敖文存二集》，四季出版，1979 年 9 月初版。
38. —，《李敖全集》1 ～ 6 冊，四季出版，1980 年 6 月初版。
39. —，《李敖千秋評論叢書》1 ～ 120 期，1981 年 9 月至 1991 年 9 月發行十年。
40. —，《文星雜誌選集》1 ～ 6 冊複刻版，鴻蒙文學出版，1982 年 5 月 4 日初版。
41. —，《李敖全集》7 ～ 8 冊，四季出版，1983 年 2 月初版。
42. —，《李敖千秋評論號外》1 ～ 3 冊初版（8 ～ 11 月）。
43. —，《萬歲評論叢書》1 ～ 40 期，於 1984 年 1 月創刊。
44. —，《蔣介石研究》，李敖出版，1986 年 10 月 31 日初版。
45. —，《蔣介石研究續集》，1987 年 1 月 15 日初版。
46. —，《蔣介石研究三集》，1987 年 6 月 27 日初版。
47. —，《孫中山研究》，1987 年 9 月 10 日初版。
48. 《烏鴉評論週刊》1 ～ 24 期（1988 年 10 月 1 日創刊）。

49. 《李敖新刊》1 ～ 7 期（1989 年 4 月創刊）。
50. —，《北京法源寺》，商周出版， 1991 年 6 月初版。
51. 《李敖求是評論》1 ～ 6 期（1991 年 11 月發刊）。
52. —，《蔣介石評傳》，商周出版，1995 年 4 月初版（本書與汪榮祖合著）。
53. —，《冷眼看台灣》，李敖初版，1995 年 5 月初版。
54. —，《李敖大全集》1 ～ 20 冊，1995 年 12 月初版發行。
55. —，《李敖回憶錄》，商周出版，1997 年 5 月初版。
56. —，《李敖快意恩仇錄》，商周出版，1998 年 9 月初版。
57. —，《李敖議壇哀思錄》，自印，2007 年 11 月初版。
58. —，《李敖風流自傳》，李敖出版，2015 年 4 月初版。
59. —，《你不知道的司法黑暗》，商周文化，1996 年 4 月 25 日初版。
60. 本社編輯部，《都是李敖惹的禍》，四季出版，1980 年 4 月 15 日第一版。
61. 吳祥輝，《李敖死了》，自印，1986 年 9 月初版。
62. 溫紳編著，《文化頑童．李敖》，2019 年 4 月再版二刷。
63. 許逖，《文星？問題？人物？》，雙喜圖書，1983 年 1 月初版。
64. k．p，《李敖批判．批判李敖》，大千文化，1980 年 7 月初版。
65. 曾遊娜．吳創著《長袍春秋——李敖的文字世界》，印刻出版，2003 年 5 月初版。
66. 柏楊，《玉雕集》，平原出版，1962 年 7 月初版。

67. —，《怪馬集》，平原出版，1962 年 11 月初版。
68. —，《堡壘集》，平原出版，1963 年 1 月初版。
69. —，《聖人集》，平原出版，1963 年 4 月初版。
70. —，《鳳凰集》，平原出版，1963 年 8 月初版。
71. —，《紅袖集》，平原出版，1963 年 12 月初版。
72. —，《立正集》，平原出版，1965 年 8 月初版。
73. —，《魚雁集》，平原出版，1966 年 8 月初版。
74. —，《高山滾鼓集》，平原出版，1963 年 9 月初版。
75. —，《道貌岸然集》，平原出版，1963 年 10 月初版。
76. —，《前仰後合集》，平原出版，1964 年 2 月初版。
77. —，《聞過則怒集》，平原出版，1964 年 6 月初版。
78. —，《神魂顛倒集》，平原出版，1964 年 10 月初版。
79. —，《鬼話連篇集》，平原出版，1965 年 1 月初版。
80. —，《大愚若智集》，平原出版，1965 年 3 月初版。
81. —，《死不認錯集》，平原出版，1967 年 9 月初版。
82. —，《雲遊記(1)》，平原出版，1966 年 1 月初版。
83. —，《雲遊記(2)》，平原出版，1967 年 5 月初版。
84. —，《魔鬼的網》，平原出版，1966 年 7 月初版。
85. —，《鼻孔朝天集》，平原出版，1968 年 6 月初版。
86. 孫觀漢編，《柏楊語錄》，平原出版，1967 年 8 月初版。
87. 謝聰敏，《談景美軍法看守所》，鄭南榕發行，1986 年 2 月初版。
88. 馮玉祥，《我所認識的蔣介石》，鄭南榕發行，1986 年 2 月初版。

89. 江南，《江南文選》，鄭南榕發行，1986 年 3 月初版。
90. 史迪威等，《蔣介石臉譜》，鄭南榕發行，1986 年 4 月初版。
91. 崔蓉芝等，《江南事件海外檔案》，鄭南榕發行，1986 年 6 月初版。
92. 鄭南榕，《時代觀點》，鄭南榕發行，1986 年 7 月初版。
93. 托斯基，《我愛托斯基》，鄭南榕發行，1986 年 8 月初版。
94. 曹雲霞，《贛南憶舊錄》，鄭南榕發行，1986 年 11 月初版。
95. 王育德，《苦悶的台灣》，鄭南榕發行，1986 年 12 月初版。
96. 謝長廷，《民主進步黨》，鄭南榕發行，1987 年 3 月初版。
97. 鍾謙順，《煉獄餘生錄》，鄭南榕發行，1987 年 4 月初版。
98. 美國國務院，《國民黨喪國記》，鄭南榕發行，1987 年 4 月初版。
99. 法新社等，《失敗的悲劇者——蔣介石》，鄭南榕發行，1987 年 10 月初版。
100. 陳隆志，《台灣獨立的展望》，鄭南榕發行，1987 年 10 月初版。
101. 林濁水編，《賤民？福爾摩沙人的悲歌》，鄭南榕發行，1988 年 6 月初版。
102. 柯宗憲，《台灣經濟大震撼》，鄭南榕發行，1988 年 7 月初版。
103. 鄭南榕，《時代觀點第二卷》，自由時代出版，1988

年 8 月初版。
104. 劉重義等，《風起雲湧》，自由時代出版，1988 年 10 月初版。
105. 編輯部，《一代軍閥郝柏村》，自由時代出版，1988 年 12 月初版。
106. 李在五，《韓國學生運動史》，自由時代出版，1989 年 2 月初版。
107. 鄭南榕，《時代觀點第三卷》，自由時代出版，1989 年 10 月初版。
108. 鍾逸人，《辛酸六十年》，自由時代出版，1988 年 6 月初版。
109. 謝里法，《重塑台灣的心靈》，自由時代出版，1988 年 7 月初版。
110. 陳雷，《百家春》，自由時代出版，1988 年 8 月初版。
111. 李世傑，《大統領廖文毅投降始末》，自由時代出版，1988 年 11 月初版。
112. 許曹德，《許曹德回憶錄》，自由時代出版，1989 年 1 月初版。
113. 黃昭堂，《台灣總督府》，自由時代出版，1989 年 5 月初版。
114. 盧修一，《日據時代台灣共產黨史》，自由時代出版，1989 年 11 月初版。
115. 史明，《台灣人四百年史》，鄭南榕發行，1988 年 3 月初版。

116. 薛月順、曾品滄、許瑞浩編註，《從戒嚴到解嚴》，國史館，2000 年初版。
117. 楊秀菁、薛化元、李福鐘編註，《新聞自由（1945 ～ 1960）》、《新聞自由（1961 ～ 1987）》兩冊，國史館，2002 年初版。
118. 薛化元、楊秀菁、林果顯編註，《言論自由（1 ～ 4）》四冊，國史館，2004 年初版。
119. 李筱峰，《台灣民主運動四十年》，自立晚報出版部，1987 年初版。
120. 史爲鑑編，《禁》，四季出版，1981 年 2 月 20 日初版。
121. 康寧祥論述、陳政農編撰，《台灣，打拚——康寧祥回憶錄》，允晨文化，2013 年初版。
122. 楊秀菁，《台灣戒嚴時期的新聞管制》，稻鄉出版社，2005 年初版。
123. 江詩菁，《宰制與反抗——中時、聯合兩大報系與黨外雜誌知文化爭奪（1975 ～ 1987）》，稻鄉出版，2007 年。
124. 吳乃德，《百年追求：台灣民主運動的故事——卷二自由的挫敗》，衛城出版，2013 年初版。
125. 胡慧玲，《百年追求：台灣民主運動的故事——卷三民主的浪潮》，衛城出版，2013 年初版。
126. 若林正丈，《台灣：分裂國家與民主化》，月旦出版，1994 年初版。
127. 若林正丈，《戰後台灣政治史——中華民國台灣化的歷程》，台大出版中心，2014 年初版。
128. 若林正丈、松永正義、劉進慶編著，《台灣百科》，一橋出版社，1996 年初版。
129. 蕭阿勤，《回歸現實——台灣 1970 年代的戰後世代與文化政治變遷》，中研院社會學研究所，2008 年初版。
130. 楊碧川編撰，《政治犯——台灣獨立運動史》，台灣政治受難者聯誼總會，1995 年初版。
131. 楊碧川，《台灣現代史年表（1945 年 8 月～ 1994 年 9 月）》，一橋出版社，1996 年初版。
132. 薛化元主編，《台灣歷史年表　終戰篇 3（1979 ～ 1988）》，張榮發基金會國策中心，1991 年 7 月初版。
133. 蘇瑞鏘，《白色恐怖在台灣——戰後台灣政治案件之處置》，稻鄉出版，2014 年初版。
134. 包澹寧著，李連江譯，《筆桿裡出民主——論新聞媒介對台灣民主化的貢獻》，時報文化，1995 年初版。
135. 杭之，《邁向美麗島的民間社會》上下二冊，唐山出版社，1990 年初版。
136. 吳叡人，《受困的思想》，衛城出版社，2016 年初版。
137. 宋冬陽，《放膽文章拼命酒》，林白出版社，1988 年初版。
138. 陳嘉農，《受傷的蘆葦》，林白出版社，1988 年初版。
139. 陳芳明，《台灣人的歷史與意識》，敦理出版社，1989 年 8 月初版。
140. 陳芳明，《我的家國閱讀》，麥田出版，2017 年 5 月初版。
141. 唐香燕，《長歌行過美麗島——寫給年輕的你》，無限出版，2013 年 12 月初版。
142. 《時光悠悠美麗島——我所經歷與珍藏的時代》，春山出版，2019 年 9 月初版。
143. 廖為民，《我的黨外青春——黨外雜誌的故事》，允晨文化，2015 年 11 月初版。
144. 廖為民，《台灣禁書的故事》，允晨文化，2017 年 3 月初版。
145. 廖為民，《美麗島後的禁書》，前衛出版社，2019 年 10 月初版。
146. 廖為民，《解嚴之前的禁書》，前衛出版社，2020 年 10 月初版。

C. E. S. **荷文原著**
甘為霖牧師 **英譯**
林野文 **漢譯**
許雪姬教授 **導讀**
2011.12 前衛出版 272頁 定價300元

被遺誤的台灣

Neglected Formosa

荷鄭台江決戰始末記

1661-62年，
揆一率領1千餘名荷蘭守軍，
苦守熱蘭遮城9個月，
頑抗2萬5千名國姓爺襲台大軍的激戰實況

荷文原著 C. E. S.《’t Verwaerloosde Formosa》(Amsterdam, 1675)
英譯William Campbell “Chinese Conquest of Formosa” in《Formosa Under the Dutch》(London, 1903)

國家圖書館出版品預行編目 (CIP) 資料

國民黨禁書始末 / 廖爲民著 . -- 初版 . -- 臺北市 : 前衛出版社, 2021.11
面;15X21 公分 -

ISBN 978-957-801-991-1(平裝)

1. 禁書 2. 出版品檢查

009 110017103

國民黨禁書始末

作　　者　廖爲民
責任編輯　楊佩穎
美術設計　兒日設計
內頁設計　Nico Chang
指導贊助　國家人權博物館 NATIONAL HUMAN RIGHTS MUSEUM

出 版 者　前衛出版社
10468 台北市中山區農安街153號4樓之3
電話：02-25865708｜傳眞：02-25863758
郵撥帳號：05625551
購書・業務信箱：a4791@ms15.hinet.net
投稿・編輯信箱：avanguardbook@gmail.com
官方網站：http://www.avanguard.com.tw

出版總監　林文欽
法律顧問　陽光百合律師事務所
總 經 銷　紅螞蟻圖書有限公司
11494 台北市內湖區舊宗路二段121巷19號
電話：02-27953656｜傳眞：02-27954100

出版日期　2021年11月初版一刷
定　　價　新台幣400元
ISBN　978-957-801-991-1（平裝）
9789578019997 (PDF)
9786267076002 (EPUB)